大学中庸通讲

左克厚——著

人民东方出版传媒
東方出版社

图书在版编目（CIP）数据

大学中庸通讲 / 左克厚 著 . —北京：东方出版社，2020.3
ISBN 978-7-5207-1284-2

Ⅰ . ①大…　Ⅱ . ①左…　Ⅲ . ①儒家 ②《大学》—研究 ③《中庸》—研究
Ⅳ . ① B222.15

中国版本图书馆 CIP 数据核字（2019）第 272677 号

大学中庸通讲
（DAXUE ZHONGYONG TONGJIANG）

作　　者：左克厚
责任编辑：辛春来
出　　版：东方出版社
发　　行：人民东方出版传媒有限公司
地　　址：北京市朝阳区西坝河北里 51 号
邮　　编：100028
印　　刷：万卷书坊印刷（天津）有限公司
版　　次：2020 年 3 月第 1 版
印　　次：2020 年 3 月第 1 次印刷
开　　本：710 毫米 ×1000 毫米　1/16
印　　张：13
字　　数：180 千字
书　　号：ISBN 978-7-5207-1284-2
定　　价：49.80 元
发行电话：（010）85924663　85924644　85924641

目录

contents

左克厚《大学中庸通讲》序

刘　强

以我狭见所及，当下的人文学界，有一种现象很值得关注，就是“跨界”的研究日益增多，颇有一些“不安分”的学者，开始在文、史、哲三大学门之间，往来“穿梭”和随意“串门”。这似乎表明，体制内的学科壁垒和刻板的评价机制已经越来越让人无法忍受，而人生苦短，稍有个性或曰主体意识的人，终究无法满足于被框范、被拘囿的生命状态，而尝试着变通、跳脱与突围。正如孟子所说：“人有不为也，而后可以有为。”这些学者可能并不热衷于报课题、争项目、发论文，却对经典阐释情有独钟，于是我们看到，一些中文专业出身的人，也开始对哲学思想经典“动手动脚”，进行别出心裁的个性化解读和诠释了。他们的书，一本一本写出来，出现在读者的视野中，从其外在形式看，似乎与喧嚣而又格式化的学术写作全无关系，但其深层的人文关怀，却往往更为贴近古典学问的生命精神，而其字里行间流露出的对时代与现实问题的忧思和追问，静夜思之，尤为令人动容。

我的朋友中，颇有几位这样的“跨界达人”。本书的作者、青海师范大学的左克厚教授就是其中的一位。他用他的思考和写作告诉我们，所谓“跨界研究”其实是个假命题——从生命和学术本身的丰富和广袤来说，哪里有什么“边界”可言，当然就更无所谓“跨界”与否了。

左克厚教授的这本《大学中庸通讲》，是其“四书通讲”系列的最后一部，在此之前，他已经完成了《论语译注今读》（与刘思言合著，九州出版社2013年版）和《孟子通讲》（东方出版社2018年版）。这三本书互为参照和补充，大体形成了作者对儒家经典解读的整体面貌。就我并不全面仔细的阅读来看，左克厚在这三部书的讲述和写作中，日益调整了自己和儒家文化的紧张关系，完成了从对儒家文化的批判继承到对儒家精神的现代担荷这样一个角色转换。换言之，通过对孔孟儒学及其经典的体贴与涵融，左克厚完成了对以孔孟为核心的原始儒学和后世逐渐被权力渗透、利诱和豢养的政治儒学的剥离和切割。至少，从这本书可以看出，他不再为自己因为认同儒家而极易被与那些伪儒或小人儒混为一谈感到焦虑了，他找到了自己文化批评最为从容的角度和坚定的立场，那就是——“反思儒家文化，不是要否定儒家文化，而是要发展儒家文化”。尽管，左克厚对“五四”诸贤的激进反传统颇有认同，但其在对儒家文化的解读中最终找到的言说方式，却显然比“五四”一辈更具对传统的“了解之同情”。

本书的特色是鲜明的。和一般注疏类著作不同，本书是在讲课录音基础上整理而成，保留了当初的口语讲述形式。对于如我这样与作者相熟的读者来说，阅读的过程，其实就是通过文字与作者“晤面”，读着读着，常常会有“如见其人，如闻其声”之感。作者并不热衷于引经据典，雕章琢句，只是本着“让经典说话”的原则，娓娓道来；尽管有时也不免加入一些基于个人价值判断的发挥，形成了和经典的“隔空对话”，但总体而言，做到了修辞立其诚，我手写我口。约略而言，本书有以下三点值得注意。

首先，是立足经典，正解儒家和儒学。所谓“正解”，当然是与“反解”和“歪解”相对的。儒学是正学，尤须正解；儒学也是为己之学，故尤须反求诸己。那种先入为主、倒果为因的经典批判态度，大多不过是“强不知以为知”的为人之学罢了。左克厚虽然姓“左”，但其观点和立场不仅不“左”，反而有着对“左”的警惕。这样一来，即使尚未做到“执两用中”，“从容中道”，至少也是“虽不中，亦不远”。比如他对《大学》开篇“止于至善”的解读就颇有新意：

善可以从量上进行区分，善在程度上是有区别的，因为有区别才有一种善叫至善，这样我们对善就有了一个新的理解……至善在量上是无限的，无限是没有边界的，所以至善是没有边界的一种善，若至善是有边界的，它就是有限的，那就称不上至善了。至善是一个量，但它又不是一个具体的量，它是一个趋向于无限的量，所以，至善对我们来说，简直就是一个不可思议的概念。最后，至善是没有任何内容的，是纯形式的。止于至善，就是要达到至善，停留在至善上面，而至善在量上无限地延伸着，因为它无限地延伸，我们始终达不到至善，至善就成为我们生命当中的一个理念……有了至善这个理念，就让人感觉自己永远是不足的，是不能停下来的，它引导着我们不断地往前走，这就是至善这个理念的价值意义。

作者从“至善”的程量性引申出其无限性，从而揭示出“至善”之于儒家精神的价值意义，给读者以丰富的联想空间。又如解读《中庸》第三十章时，作者说：

孔子是一个圣人，他的言行当然是符合中庸之道的，后人正是把他看作中庸之道的化身。当然，孔子自己并不认可这样一个说法，他认为自己在很多方面还没有达到这个标准。但是，不管孔子怎么说，我们还是给了他这个荣誉。这荣誉对孔子本人并不重要，但对我们后人来讲很重要。我们需要一个榜样，需要一个圣人。所以，我们就把孔子说成一个符合中庸之道的圣人。我们在提到孔子的时候，就会思考圣人是怎么行中庸之道的。

相比于有些论者用“解构主义”的态度对儒家义理予以颠覆式解读或调侃式批判，左克厚的态度无疑是真诚而又不失庄敬的。这种建立在“博学于文，约之以礼”基础上的“正解”，既不失学者应有的客观立场，又有文化人特有的淑世情怀，十分难能而可贵。

其次，立足经典，却又不迷信权威，对于经典所可能产生的歧解甚至误区，敢于提出自己的质疑。比如讲到《大学》“诚意”章“毋自欺”时，作者一方面肯定“儒家的思维不是等你犯错了去制裁你，而是在你有坏的意念时就制约你，这就要对最初的意念进行反思，这就是诚意的工夫”；另一方面，又指出“如恶恶臭，如好好色”这个例子“举的其实不是特别好”：“这个例子的确体现了人的不自欺，但它是人生理上的不自欺，用人的生理行为来解释人的精神行为，抹杀了精神行为与生理行为质的差别。”又如“听讼”章，作者首先对孔子“必也使无讼乎”的理念予以激赏，认为这就是“至善”境界；同时，又对曾子所说“无情者不得尽其辞”和“大畏民志”之说不以为然，认为：

曾子对孔子这段话的解释可能违背了孔子的原意，……根据孔子的思想我们断定他所强调的应该是以德化人，孔子经常讲为政以德。但是这段话经过曾子的解释让人有些毛骨悚然，不让某些人说话，通过不让某些人说话使全体老百姓心里有一种畏惧，然后达到不去犯罪的结果。解经者对经文的解释与经文本身差别竟有这么大，孔子的话让人很温暖，曾子的解释让人觉得寒冷，所以有时候把经典读错比不读更可怕。

尽管对《大学》是否系曾子所撰，以及“大畏民志”的解读，你完全可以提出不同的看法，但不能不承认，左克厚的这种防微杜渐式的解读，依然是善意和有效的。再如解释《中庸》“强哉矫”时，作者又借题发挥，说：

现在经常讲强大，但只有中庸式的强大，才是真强大。因此，一个国家、一个民族、一个人如果想要强大的话，就必须保持中庸。中庸式的强大就是，强大但不让人感到害怕。如果你的强大让人感到害怕，会给你造就一批敌人，而你这些敌人会因为害怕而反抗你，要削弱你的这种强大，这就会演变成强强对抗，或者以强凌弱。而一个真正强大的人，会让所有人不害怕，不但不害怕，反而感到安慰。你的这种强大，不但没有去树立很多的敌人，反而吸引很多人紧紧靠在你旁边，因为你的强大不是对他人的伤害，而是对他人的一种保护。如果你强大到这样一种地步，那就是真强大了。因此强大不是你自己想要强大，而是别人希望你强大。

这一段议论早已“逸出”经典的文本之外，变为对现实问题的极具忧患意识的拷问和反诘了。相比于“五四”诸贤对“中庸”的曲解和批判，这样的解读可谓返本开新，借古讽今，因而也更具建设性力量。类似的例子很多，此不赘举。

最后，作者充分照顾到一般读者的理解程度，讲解中“能近取譬”，语言通俗易懂而又不乏风趣。比如讲到“自慊”和“自欺”，作者说：“当你做了一件不好的事时，尽管这件事对你是有好处的，但由于良知的原因，自己知道自己做了一件不好的事情，尽管你做了，但你并不认同自己这样的行为，对自己是不满意的。但你不能让自己停留在这样不满意的情绪状态中，你必须表现出对自己的行为很满意，这个时候，你就进入了自欺的状态。如果一个行为让自己感到自慊，那就是不自欺，如果做了自己感到不满意的事，那就是自欺。人有一种良知，知道哪是对的，哪是错的，我们不能认为一个人做了坏事，他还特别心安，恰好他特别不心安。”在讲到《中庸》“隐恶扬善”时，作者拿基督教的忏悔为例，说：“就如基督教一样，人犯了错误对上帝忏悔，上帝最大的特点就是不说，就是‘隐恶’。因此，‘隐恶扬善’里面有一种宗教情怀，有一种大爱。如果没有这种情怀，就会到处乱说，伤害别人也无益于自己。在这里，大舜就显示了上帝一般的胸怀。”这样会通中西的解读，让人耳目一新，从而刷新了对“隐恶”这一行为的理解。

左克厚教授有深厚的西学修养，他对儒家思想的解读自然也打上了西学的烙印。在本书中，“自由意志”这一概念便被其反复提及。如在解读“道也者，不可须臾离也”时，他说：“‘须臾不可离也’不是随时不可离，而是从根本的意义上不能离开。从中我们发现人是有自由意志的，尽管儒家很少强调自由，但儒家要求我们修道的时候，实际上也就间接认同了人有自由意志。人能够背离道，才需要修道，也只有人才能背离道，才能修道。动物无所谓背离道，也无所谓修道。所以，儒家的修道，正是基于人的自由意志，这种情况下，人就有多种选择，在儒家看来，在多种选择里，只有一种选择才是有价值的，返回道才是人最明智的选择。”不妨说，左克厚对于儒家思想的反思和质疑，正是其“自由意志”在经典诠释中的一种生动体现。所以，他的某些解读，未必尽合经典最本初的原意，但却是经典诠释者应该具备的一种“自由意志”。有了这种“自由意志”，经典才不仅属于她所诞生的那个时代，而且可以被一代又一代的诠释者，赋予其为不同时代所需要的哲学内涵和诠释能量——经典正是因此而得以永生的。

和今天很多学者专注于象牙塔中的哲学史研究不同的是，左克厚的经典阐释是以其对现实问题的忧患为前提的。在本书的《后记》中，左克厚如是说：

只要儒家承认王权、皇权的合理性，用制度的方式对王权、皇权进行限制的思想就是不可想象的，要求儒家具有民主思想是不现实的，但这并不意味着儒家不能接受民主思想，在今天，儒家完全可以把民主思想纳入到它的思想体系之中，儒家文化是开放的，一切优秀的文化都是开放的。所以，反思儒家文化，不是要否定儒家文化，而是要发展儒家文化。

从这段话中，依稀还能嗅到焦虑的气味。左克厚对儒家的思想资源无疑是深爱的，但同时对其可能带来的现代性困扰，又是不无警惕的。作为一个长期研读儒家经典的学者，他在情感上不可能不认同儒家的理想主义和淑世情怀，但在理智上，他又不愿意看到儒家同时还是现实的，入世的，甚至是妥协的。作者有时可能会忽略这么一个事实，即无论是“得君行道”，还是“觉民行道”，都是儒家所以为儒家的角色定位和终极宿命。为此，儒家甚至不惜放弃佛、道二家给人带来的显然更为高蹈绝俗的美妙形象。而这一放弃，不仅是儒家的孤绝处，也是儒家的大担当！

事实上，不仅儒家承认王权、皇权的合理性，就是古代的西方社会亦莫不如此。孟德斯鸠在《论法的精神》中，将人类社会的政体分为三种：共和政体、君主政体、专制政体。并指出：共和政体（无论是平民政治还是贵族政治）的原则是品德，君主政体的原则是荣誉，专制政体的原则是恐怖。“共和政体是全体人民或仅仅一部分人民握有最高权力的政体；君主政体是由一个人执政，不过遵照固定的和确立了的法律；专制政体是既无法律又无规章，由单独一个人按照一己的意志与反复无常的性情领导一切。”（孟德斯鸠：《论法的精神》，张雁深译，商务印书馆 2019 年版，第 9 页）根据孟德斯鸠的这一分疏，我们会发现，左克厚对儒家承认王权、皇权的合理性抱有一种“现代性”的隐忧，其实是大可不必的。一方面，作为人类政治发展史上的既有形式和必经阶段，君主政体既非中国古代所独有，也非为儒家所独认。尤其是在儒家的价值系统中，君臣之义是放在比制度设计更高的“人禽之辨”这一维度上讨论的。孔子说“夷狄之有君，不如诸夏之亡”，孟子辟杨墨所谓“无父无君，是禽兽也”，都是从“人禽之辨”的意义上来肯定君臣、父子这两伦关系。儒家对君主制的认同，一个最低的诉求是，阻止人类文明再次回到“与鸟兽同群”的丛林社会，因为相比于君主专制，那样一个“无父无君”“被发左衽”的“前文明”状态才是更为可怕的。

另一方面，君主政体也并不天然就是专制的，正如所谓的共和政体也不一定真与专制独裁“绝缘”。揆诸中国古代史，皇权专制并非一以贯之，如王纲解纽的东晋以及后来的唐宋两朝，士权相对于皇权，其实是获得了某种互为制衡的张力的，“门阀政治”也好，“文官制度”也罢，颇类似于孟德斯鸠所说的“贵族政治”。其中，儒家士大夫发挥了非常重要的对权力的制衡作用。由儒家的“天命”所决定，既然选择了迥异于佛、道二家的入世理想，儒家就不得不与现实政治发生关系，故相比于“心性儒学”，“政治儒学”自有其不可替代之价值。但有一点可以肯定，真正的儒家，是绝不屑于做君主的奴才，也绝不汲汲于做“帝王师”的。正如《礼记·儒行》篇所言：“儒有上不臣天子，下不事诸侯；慎静而尚宽，强毅以与人，博学以知服；近文章，砥厉廉隅；虽分国如锱铢，不臣不仕。其规为有如此者。”真正的儒家，恰恰是“和而不流”、“中立而不倚”乃至“特立独行”的一类人。至于儒家所致力的政体，无论是“选贤与能”“天下为公”的大同社会也好，抑或是“道尊于势”的“虚君共和”也好，固然并非今之所谓的“民主制度”，但也绝非孟德斯鸠所谓的“专制政体”。

正如西方历史上并无儒家思想和文化，但照样产生了专制政体一样，我们不能把东方专制主义的发达和悠久归罪于儒家。至少，法家是绝不甘心让儒家抢了“头功”的。所以，我特别能理解左克厚内心的纠结，也知道这纠结在于，他把古今儒家当作了一个阵营，以为凡标举儒家的人都是这阵营的一员，并用孔子的话将“儒家内部”分成“君子儒”与“小人儒”。这就把简单的问题复杂化了。要我说，对那些面目可疑当然也可憎的“小人儒”，为什么不干脆把他们归于“法家”或是“奴家”呢？

正是在此意义上，我特别认同左克厚“儒家文化是开放的”这一判断。儒家文化不仅是开放的，还是“苟日新，日日新，又日新”的，其思想体系自身就包含着反思、批判、革新与进步的精神。孔子说：“与其进也，不与其退也。”又说：“齐一变，至于鲁；鲁一变，至于道。”这些格言，都是儒学作为实践之学、进取之学和变革之学的最佳证明。唯其如此，对于一个经典诠释者而言，正本清源地讲出儒学作为正学的真义理和真精神，尤为重要而迫切！至于时下甚嚣尘上的种种奇谈怪论，则大可忽略不计。因为它们和真正的儒学毫无关系。对于那些“子不语”的“怪力乱神”之说，我们完全可以本着“夫我则不暇”的态度冷眼旁观，并相信“见怪不怪，其怪自坏”。如果因为今日一些所谓儒者不以“民主”为然，就把责任推给原始儒学，认为这是“民本”与“民主”的先天差异所致，是“老内圣”开不出“新外王”，则恰好让那些“伪儒”们心花怒放，岂不成了“借寇兵而赍盗粮”？

总之，左克厚教授的这部新著带给我的教益和思考是多方面的。他用自己的反思和坚守告诉我们：标榜儒家的人未必真是儒家，而批评儒家的人未必不是儒家。这从一个侧面证明了，将儒家思想“学派”化，极有可能带来了对儒学理解的“窄化”和“矮化”。须知在古代，儒者其实是对所有士大夫和知识人的通称，很多阴阳家甚至奇门遁甲之徒也是号称儒士的。在我看来，儒学与诸子之学的根本不同在于，儒学不仅是进取的，也是包容的；不仅是守成的，也是创新的；不仅是历史的，也是现实的和未来的；甚至从某种意义上说，儒学不仅是中国的，也是人类的。质言之，儒学者，人学也。因为人的复杂性，也就决定了儒学的丰富性。所以，今天的儒学研究，绝不是号称“儒家”者的专利，尤其不能仅是中国哲学研究者的专利，在政治学、社会学、经济学、法学等领域，一直不乏敢于批评现实、伸张正义、捍卫权利的知识分子，他们不也是现代的儒家吗？同样，对儒学的研究和批判，也不能以偏概全，更不能以今律古，以至于将原本建设性的研判，变成了破坏性的颠覆。当今学界，一些深受西学影响的学者，动辄以反专制的名义祭起反儒的大旗，殊不知却把本该用在“刺秦”上的精力，剑走偏锋地用在了“刺孔”上。仔细想想，这实在太过吊诡和荒唐！

左克厚教授是我的兄长和朋友，我们相识虽然时间不长，但肝胆相照，志趣相投，既有同好，更是同道。左兄为人重情重义，古道热肠，为学一如其人，慎思明辨，真实无妄。即便与人切磋论难，疑义与析，亦能抱持君子之风，和而不同，与人为善。尤其是好友相聚，觥筹交错间，即使前一秒还在唇枪舌剑，下一秒也能大笑释然。左兄的豁达、厚道、诚笃，使其虽地处青海一隅，却能笑迎八方来客，他创办的有源书院，几乎成为青海的文化地标，有着很好的口碑和影响力。

正因如此，左兄命我作序，则吾岂敢？坚辞不获之下，不得不硬着头皮，不揣谫陋，分享对本书的学习体会如上。感谢左兄厚爱，给了我这样一个大放厥词的机会。我知道，这篇有点拉杂的小文不太合乎序文的体统，但不才如我，怕也只能如此聊以塞责了。私心深处，也不过是想借此机会，用文字排遣一下随年俱增的忧闷，并将自己与左兄的缘分，立此存照。

是为序。

2019 年 12 月 12 日写于沪上守中斋

大　学

第一章

大学之道，在明明德，在亲民，在止于至善。知止而后有定，定而后能静，静而后能安，安而后能虑，虑而后能得。物有本末，事有终始，知所先后，则近道矣。古之欲明明德于天下者，先治其国；欲治其国者，先齐其家；欲齐其家者，先修其身；欲修其身者，先正其心；欲正其心者，先诚其意；欲诚其意者，先致其知；致知在格物。物格而后知至，知至而后意诚，意诚而后心正，心正而后身修，身修而后家齐，家齐而后国治，国治而后天下平。自天子以至于庶人，壹是皆以修身为本。其本乱而末治者否矣，其所厚者薄，而其所薄者厚，未之有也！

古代有大学、小学，但没有中学。古代的小学主要是学习洒、扫、应、对、进、退，也就是学习一些礼仪性和知识性的学问，为将来进入社会做准备。“大学之道”，就是讲有关社会、人生最根本的学问，也就是下面我们要讲到的八个方面的内容，就是格物、知至、意诚、心正、修身、齐家、治国、平天下。大学之道就是讲大学学习的一个基本目标，这个基本目标由三个方面构成。

第一个方面就是“明明德”。第一个“明”是动词，可以理解为了解、知道，也可以进一步理解为发扬光大。第二个“明”字是对德的一个修饰，说明这个德不是普通的德，而是一个非常特殊的、了不起的德，是一种能够发光的德，能够照耀别人的德。那么“明德”包含什么内容呢？儒家那些基本的道德规范都可以看作明德的内容，比如我们经常讲到的仁、义、礼、智、信，这些都可以称作明德。“明德”是能够发光照亮别人的德，是我们生活中不能缺少的德，甚至是我们这个社会之所以能够存在的一个条件，可见明德的重要性。既然明德在社会当中如此重要，那么它就不会脱离社会存在，明德就应该在每个人的心灵当中，那为什么我们还要去学习它呢？这里有两点要特别注意，一方面，固然我们每个人身上都有明德，但是，它不是一种现成状态，而是处在一种萌芽的状态，它要一点一点地成长起来，它有一个成长的过程，所以就需要我们不断地培养它成长；另一个方面就是明德被遮蔽了，而明明德则是一种去蔽活动，让我们发现身上本来就有的明德。但是，在去蔽之前，我们要先相信每个人身上有一种明德，如果没有明德，就没办法明明德。

第二个方面是“在亲民”。程颐说“亲”应当写作“新”，“亲民”应该是“新民”。为什么要改一下呢？因为下文在解释这一段话时，所使用的概念都是“新”，而不是“亲”，因此他的改动保证了前后文字的统一性。当然这个改动也改变了这句话的意思，“亲民”和“新民”还是有很大差别的。“亲民”表现的是一种姿态，通过这样一种姿态来表现与百姓的一种亲密关系。“新”则涉及到对百姓思想的改造，对百姓生活状态的改变，这就进了一步，不仅是一种态度，还有切实的措施。这样的改动是否合理呢？应该说，还是有些道理的，“新民”和“明明德”相比，“明明德”更侧重于个人的修养，也就是儒家讲的内圣，“新民”更多的涉及社会改造，属于儒家讲的外王。这样“新民”与“明明德”之间就有了一种层次感。大学之道不仅要提高自己的修养，还要帮助他人一起提高。

第三个方面是“止于至善”。“至善”就是至高无上的善，这里有这么几层意思：首先，善本身还是可以进行量的区分的。我们通常讲善时很少有区分，认为善是同一个性质的，都是一样的。但根据“至善”的概念可以发现，善可以从量上进行区分，善在程度上是有区别的，因为有区别才有一种善叫至善，这样我们对善就有了一个新的理解。通常，我们对于恶有一个量的区分，对善却没有量的区分。一个人犯罪了，就要根据他的罪过大小来量刑，也就是说恶是可以根据罪过的大小来量化的，但我们很少对善进行量化，我们常说“滴水之恩，当涌泉相报”，是至善让我们有了一个机会对善也进行量化。其次，至善究竟应该是什么样的呢？至善在量上是无限的，无限是没有边界的，所以至善是没有边界的一种善；若至善是有边界的，它就是有限的，那就称不上至善了。至善是一个量，但它又不是一个具体的量，它是一个趋向于无限的量，所以，至善对我们来说，简直就是一个不可思议的概念。最后，至善是没有实质内容的，是纯形式的。“止于至善”就是要达到至善，停留在至善上面，而至善在量上无限地延伸着，因为它无限地延伸，我们始终达不到至善，至善就成为我们生命当中的一个理念。但这个理念很重要，我们需要这个理念，没有这个理念，我们就会认为自己进步得差不多了，不需要再进步了，但是有了至善这个理念，就让人感觉自己永远是不足的，是不能停下来的，它引导着我们不断往前走，这就是至善这个理念的价值意义。在前进的路上必须有一个至高无上的东西，引导着人不断地往前进，尽管人达不到，但它的意义丝毫没有减少。

接下来，这几句话是接着前面的至善而来的，“知止而后有定”，“知止”就是知道人最终要止于至善，然后人才能够确定努力的方向；目标决定努力的方向，目标不明确，做事就会迟疑不决。“定而后能静”，“至善”成为奋斗目标，人就会排除其他的干扰，一心一意地朝着这个既定的目标努力，这就叫作“静”，“静”就是排除了外部干扰。“静而后能安”，“静”和“安”有区别，“静”是没有思虑，是一种空的状态，也就是把所有外部干扰排除后所留下的状态。“安”是安于“静”，是在“静”的状态里面注入了一种新情绪，并形成一种很稳定的情绪状态，这种情绪状态使得“静”能够得以长久保留。“安”把心彻底地放在这里了，因为“安”里面有一种快乐，有一种感情，“安”从感性上坚定了你的意志。“安而后能虑”，“虑”就是思考问题。经过前面的“定”“静”“安”，就等于把所有的外物都排除了，这个时候人就获得了一种全新的眼光去看世界，以一种全新的角度去思考这个世界，去思考过去从来没思考过的问题。眼光不一样了，思考不一样了，得到的世界和之前的也就不一样了。“虑而后能得”，这个“得”不是平常的“得”，不是得到某个东西，而是得到至善。这个“得”不是让你拥有什么东西，而是让你成为什么，这个“得”不是得到什么身外之物，而是得到道。

“物有本末”，每一个事物都有本有末，“本”肯定是最重要的，“末”相对来说是次要的，认识到这个非常重要。认知一个对象时，得抓住根本，这个道理似乎不难理解。但是，什么是本、什么是末呢？这就涉及人的认知，人的认知不同，对于什么是本、什么是末的看法就不同，就会形成形形色色的本，这些本还会彼此冲突。但就儒家而言，“明明德”“新民”“止于至善”就是“本”。“事有终始”，事情都有一个开始，都有一个结束，做一件事从什么地方开始呢？开始最重要，开始牵一发而动全身，开始错了，结果必定也是错的，问题在于开始有无限可能，在无限可能中找到那个最该开始的地方，实在太难。“知所先后，则近道矣”，知道本末始终，就知道先做什么后做什么，这就接近于道了。尽管我们认为事物的先后关系具有不确定性，但儒家却不这么看，他们非常自信，坚称已经找到了事物的先后关系。接下来他们就要讲这个先后关系是什么。

这个先后关系体现为八目之间的关系，这八个重要概念对后来的儒家思想产生了深远的影响，八目通过一种特殊的表述方式，欲怎样先要怎样，构成了一个看起来逻辑非常严密的思想体系。它们彼此之间构成了一种条件系列关系，每一句话的后一项都是前一项的必要条件。比如治国是平天下的必要条件，齐家是治国的必要条件，修身是齐家的必要条件，以此类推。所谓必要条件就是说，如果没有治好国，就不可能平天下。现在我们就要看八目之间的关系序列是不是无懈可击，八目是不是严格按照这个顺序进行的，或者说，在这样的关系序列里，会不会有一些断点呢？要证明必要条件关系成立，关键在于能否推翻这个必要条件关系，如果能推翻，那必要条件关系就不成立；如果不能够推翻的话，那必要条件关系就成立。所以，关键在于能否证伪，但这个证伪工作是很有难度的。如果设定了一个条件，达到了预期的结果，那该条件作为该结果的必要条件就是成立的。如果设定一个条件，没有达到预期的结果，却无法否认该条件是应该有的那个结果的必要条件，因为构成事物的必要条件不止一个，可能是别的必要条件缺失导致应该有的结果没有出现。除非做这样一个实验，具足各种条件，然后抽掉某个条件，发现这个条件不存在，结果就不再出现，那就证明该条件是该结果的必要条件，但社会毕竟不是实验室，这个实验是做不成的。现在，剩下能够证伪的方法就是，当不具备某个条件时，却依旧出现了预期的结果，那就证明这个条件不是这个结果的必要条件。下面就按照这个思路去检验八目之间的关系。

“古之欲明明德于天下者，先治其国”，“明明德于天下”就是平天下，平天下是不能使用武力的，使用武力叫作霸，平天下靠德，尧、舜、文王在儒家文化系统里地位特别高，就是因为他们没有使用武力。先把自己的国治好，然后才能平天下，这个有没有道理呢？按照上面所给的思路，我们就要问，没有治好国，是否能够平天下？古代的“天下”概念与今天的“天下”概念不太一样，就古代意义的“天下”而言，若说真的有过平天下的话，那必定就是儒家津津乐道的夏商周三代了，那么开启三代历史的政治家们有没有治好他们的国呢？大禹是以天子的身份建立夏朝的，文王、武王治国是有历史记载的，至少在历史的文献中，他们都是治好国然后平天下的，既然无法证伪，我们就倾向于承认平天下要先治好国。

接下来看治国和齐家有没有逻辑关联，“欲治其国者，先齐其家”，也就是说要想治好国就得先齐好家，如果你的家都没齐好，那就不可能治好国。这个推理有无道理呢？这里的“家”和今天的“家”还是有点区别的，古代的“家”有两层意思，一是大夫曰“家”，大夫管理的区域就是家，这个“家”就相当于现在的一级行政管理的机构。“家”的另一层意思是家庭家族，这与今天的“家”意思相近，这也是“家”的基本含义。尽管宗法制社会里家国同构，但家事毕竟与国事不同，清官能断国事，但难断家务事，国事是公事，明理即可，家事是私事，剪不断理还乱。治国事与治家事需要两种不同的能力，甚至是两种相反的能力，治好家事未必能治好国事，治不好家事未必不能治好国事。大舜就是典型的例证，他治家并不成功，却不妨碍他成为治国、治天下的圣人，所以治家作为治国的必要条件就不能成立。

“欲齐其家者，先修其身”，这句话应该是合乎道理的，家的范围是有限的，你的一举一动都会对周围造成直接的影响，你的举动会被他人看在眼里，记在心里，你没做好，凭什么让别人做好？所以搞好家的关系，人的品质就特别重要。

“欲修其身者，先正其心”，修身本质上就是修心，养身就是养心，这个比较好理解。在身心关系中，身受制于心，表面看来，身体可以自由行动，但身体的活动是在心的支配下完成的，心的主宰性，必然意味着修身先要修心。

“欲正其心者，先诚其意”，“心”和“意”好像是差不多的，但“心”的概念范围更广，心里面除了意念还有情绪，意念主宰着情绪。意念有好有坏，好的意念就是诚意。“诚其意”就是让人的意念真诚，让人不要胡思乱想，通过一种意念控制情绪，使人的情绪摆脱外在的困扰，回到它本来的样子，这时候人就能心平气和。可见是“先诚其意”，然后才“正其心”，否则心就会乱。

“欲诚其意者，先致其知”，要使自己的意念真诚的话，先要去致知，致知就是要获得很多的道理，要懂得万事万物的道理。外在事物的道理和诚意有什么关系呢？万物的道理是知识，诚意是人的德行，换句话讲，人拥有很多知识是不是德行的一个前提，也可以说，一个人没有知识的话会不会就没有德行呢？这就有点复杂了，一方面，知识的确会影响到人的道德判断，知识能够有效防止道德的泛化，防止把非道德的东西道德化。但知识毕竟不是道德的根源，从知识不能推出道德。知识是事实判断，道德是价值判断。人的德行来自人的自由意志，也就是说德行本身有它自己的独特领域，当人们还没有知识时，德行就已经存在，因此不能说人有了知识以后才有了德行。在某种意义上说，德行是独立于知识的，为什么人的意念是这样的，只能这样想不能那样想，这里面也有一个规律存在，但这个规律和自然的规律是不一样的。这就意味着一个没有知识的人，不懂得万事万物道理的人，他也有一种德行，所以知识就不能成为德行的必要条件。

接下来看“致知在格物”，“格物”就是走近这个事物，研究这个事物，研究事物过后才能知道事物的道理，人是不能凭空想出一个道理的，你必须研究一个事物，这一点是毋庸置疑的。从上面的解读可以看出，八目之间的逻辑关联至少在两个地方存在问题，一个是齐家是治国的必要条件，另一个是致知是诚意的必要条件。

“物格而后知至，知至而后意诚，意诚而后心正，心正而后身修，身修而后家齐，家齐而后国治，国治而后天下平。”这段话是上一段话的另一种表达方式，仔细琢磨，这个表达方式和前一种表达方式还是有区别的。区别主要体现在句子的翻译上，比如“物格而后知至”和前面的“致知在格物”有什么差别呢？说“致知在格物”时它的意思很明确，要想致知必须格物，至于物格是否知至则是不确定的。但是说“物格而后知至”时就有可能产生歧义，歧义就在于对这句话的翻译上，如果我们把这句话翻译成物格而后才可能知至，这就和前面的意思一致了。但是，如果我们把这句话翻译成物格而后就能知至，它的意思就发生了变化，就把前一项与后一项的必要条件变成了充分必要条件了，也就是说物格就必然会知至了。这样一种翻译就会造成一个错误的结论，意味着物格必然会知至，知至必然会意诚，意诚必然会心正，心正必然会身修，身修必然会家齐，家齐必然会国治，国治必然会天下平，看起来中间有好多子目，但实际这里面只要两目就可以了，只要物格就直接推到天下平了，这样的翻译肯定就不对了。尽管这种翻译不够好，但是它具有一种思想的煽动性，特别容易诱导人产生浪漫的想象，觉得只要格物就可以了。所以按照第一种翻译方法，它就和前面讲的是一样的意思，只不过是换了一种表述方式。但第二种翻译方法特别容易产生歧义，因此我们在翻译时要特别注意。

“自天子以至于庶人，壹是皆以修身为本。”八目里面最重要的是什么？

一般说来，人们都是认为第一个或最后一个最重要。但是《大学》认为最重要的是“修身”。“修身”的前面所讲到的格物、致知、正心、诚意，都是为了人的“修身”，同时，“修身”又是后面的齐家、治国、平天下的起点，它是前几项的终点，又是后几项的起点，处在一个中的位置上。修身与个体的人相关，修身是人的自我完善，《大学》说“修身为本”，就是把人的自我完善看成是高于一切的。如果把齐家、治国、平天下里面的任何一个看成是目的的话，人的修身就变成了一个手段，我们就是通过修身干别的事情，尽管别的事情也很重要，但是我们不把它看作是根本。为什么要这样做呢？这就是强调修身的独立价值。修身可以不齐家、不治国、不平天下，但是修身仍然有独立的意义。因为治国、平天下是少数人的事，修身是所有人的事，你可以不去治国平天下，但你不能不去修身，修身更具有普遍性，所有人都可以通过修身实现自我圆满，这就是修身的重要性。应当指明的是，这里强调“修身为本”，与修身在八目中的实际位置并不一致，八目中的逻辑关系决定了修身只是作为手段而存在，治国平天下才是最终的目的。事实上，《大学》对后世的影响正是八目构成的思想体系，而非独立的修身。所以，这里讲修身为本让人感觉有些突兀。“其本乱，而末治者否矣”，本的重要性不言而喻，本末倒置的后果，对国家而言是天下大乱，对个人而言，将是终身碌碌一事无成。当然，问题的关键不是人们知道什么是本，而后去乱本，而是不知道什么是本，或者不认可这就是本。儒家认为修身是本，修身诚然是本，但是否还有别的什么本，如道家的无为，法家的法，墨家的兼爱，本是否只能是一个还是可以有多个呢？“其所厚者薄，而其所薄者厚，未之有也”，你对他好，他对你不好，或者你对他不好，他却对你好，这样的事情是不会有的，如果发生这样的情况，那就是反常，而反常的东西注定是不会长久的。这里是讲抓住本，做事就能达到预期的效果，不过，这倒是给了我们一个启示，就是根据效果来判断什么是本，以及我们是否抓住了本。

第二章

《康诰》曰:“克明德。”《大甲》曰:“顾諟天之明命。”《帝典》曰:“克明峻德。”皆自明也。

一般认为第一章是孔子的话，从第二章开始，都是对孔子观点的一个解释。解释者是《大学》的作者曾子及他的学生。因此，第二章就是对三纲之一“明明德”的解释。在这个解释当中，我们有两个方面要注意。

第一个方面，从所引经典的内容来看。“《康诰》曰：‘克明德。’”“《帝典》曰：‘克明峻德。’”这里我们把《康诰》曰、《帝典》曰放到一起，一是它们的意思比较接近，二是《帝典》的思想比《康诰》的思想有所提升。“克明德”，能够发扬光大道德。“克明峻德”，能够发扬光大崇高的道德。“峻德”比德的意思更明确，德是一般意义的，“峻德”表明这不是普通的德，它具有一种崇高的性质。一般的德只能起到维护社会正常运转的作用，但崇高的德具有不断提升人的境界的作用。这两句引文合在一起，意思就是人能够发扬光大自身就有的一种崇高的道德。这里面关键要体会这个“克”字，“克”是能够的意思，就是人能够去发扬光大这个峻德。如果没有这个“克”，那就会出现一个问题，这个德尽管很崇高很伟大，但是，它高高在上，人无法企及它，无法达到这样一个高度，这样一来，尽管有德，但这个德就和我们的日常生活，和我们普通人失去了联系，就无法发挥它的作用了。因此，这里就要特别领会这个“克”字，就是人能够这样去做，我们能做，然后才能做得到，没有这个能力，也就做不成这件事。这是通常的一种思维方式，就是要求一个人去做某一件事的时候，首先要强调这个人有做这件事的能力和潜力。就如老师让你去学习，首先基于你有这个能力，如果你没有这个能力，他也就不会去强调了。“《大甲》曰：‘顾諟天之明命。’”“顾”就是回头看的意思，回头看就是指很重视，諟就是“此”，这句话讲你一定要重视“天之明命”。“天之明命”是对明德进一步的解释，明德不仅是你本来就具有的，而且是天赋予你的，这就强化了明德这个概念的崇高性和权威性，强化了人的德行的重要性。还有一层意思，明德既然是天赋予你的，就是你想推辞也推辞不了的，是你必须完成的一项任务。这个明德是对人的一种提升，否则人就会处在一种动物性的状态。人高于动物的德行，并不来源于动物性本身，而是来自人之外的东西，是人之外的天给予我们的一种德行，又是人的能力能够实现的，这就两全其美了。所以下面讲“皆自明”，就是强调人的自信心，人是能够发扬光大内在固有的崇高道德的。

第二个方面，从引用经典文本形式来看。明德思想很早就有，它是我们文化的一个传统，也就是讲，《大学》作者所讲的明明德不是他个人的创造发明而是自古以来就有的，也是为了证明自古以来就有这样一个明德的思想，所以才引经据典。所以这段话从文本形式上看主要是由经典组成的，来自《尚书》的不同篇章，目的是强化人的印象。你要强化一种思想，不能讲这个思想是你一个人的，你必须讲这个思想是有背景的，是有一个传承的，这样才能增加思想的权威性。写论文就是这样，写完自己的观点，然后引用张三是怎么讲的，李四又是怎么讲的，来证明自己观点的正确性。这种做法就是“六经注我”，就是用《六经》来做我思想的注释，这种做法在我国古代特别突出，成为我国古代学术的一个传统。任何一个新思想，都是围绕经典进行的，这就形成了我们古代学术的一种样式，用“注”“疏”来表达自己的思想。我们在读古代思想著作的时候，会有一种非常强烈的体验，就是所有人的思想都是借助对经典的注释完成的。比如朱熹的思想就是通过注释经典来完成的，王弼的思想也是通过注释经典来完成的。这样的做法也有缺点，就是注疏者的思想尽管有创新，但是由于都是围绕特定的经典来创新的，所以创新也是有限的，因此也限制了人的思想的发展。

第三章

汤之《盘铭》曰："苟日新，日日新，又日新。"《康诰》曰："作新民。"《诗》曰："周虽旧邦，其命维新。"是故君子无所不用其极。

这段话和前面形式一致，全部是用经典构成，只有最后一句是他自己的话，这段话字面意思都是在强调"新"字。这段话是对三纲里面"新民"的解释，对"新民"进行引申发挥，在引申发挥当中又增加了新的内涵。"汤之《盘铭》曰：'苟日新，日日新，又日新。'"一个人假如有一天进步了，那就要让自己每天都有进步，"又日新"就是要不断进步下去。这里反复强调人要不断进步，体现了儒家思想的进取精神。

"《康诰》曰：'作新民。'"不仅你要不断进步，你还要让百姓不断进步。这里的"新"有两个意思，一个是你让百姓进步，一个是促使百姓让自己进步。你让百姓进步固然很重要，但百姓让自己进步才最重要，在没有人管束的情况下自己进步，这样的进步才会很牢靠。

"《诗》曰：'周虽旧邦，其命维新。'"这就不仅仅是个人修养的问题了，也不仅仅是百姓的进步问题，而是一个国家的进步。周是一个小国，很早就存在。但是它接受了天命，不断地自我更新，最后它就取代了商，成为泱泱大邦。因此人的最终成功和自新有关，自新无论是对个人来讲，还是对国家来讲，都是特别重要的。因为它的重要性，"是故君子无所不用其极"。"无所不用其极"现在已经变成一个贬义词了，指做坏事无所不用其极，古人讲做好事也用“无所不用其极”。一个成语在人类历史的长河中改变了它的意思，变成了和原本相反的意思，人们从中能感受到社会的沧桑巨变。

我们对“新”字还应该有进一步的思考，“新”到底是什么意思？“新”是指一种变化，只要一个事物变得和过去不一样，都叫作新。换句话讲，只要一个事物处在变化的状态中，我们就可以说这个事物一直在新的状态里面。如果一个事物停止了变化，它不再变新，就意味这个事物终结了，这个事物就不存在了。对于人来讲，一点都不变化，一点都不进步，就意味着死亡。从科学上讲，只要人活着，就要不断新陈代谢，每天都是一个新的自己，因此人不能不新。从这个意义上说，新就是人的存在状态，也可以说是万事万物的存在状态。如果生命不新了，生命就不存在了；万物不新了，万物就不存在了。另外，新有没有一个度的问题？你不新了，你的生命就停止了，但是你太新，你的生命也会不存在。新得让别人不认识了，生命也会出现危险。因此新应该有一个限度，要有所节制，否则就会导致事物分崩离析。因此，新既不是事物的静止状态，也不是事物处于突变的状态，而是事物保持一种渐变的状态。这种思想对社会来讲，就应该是改良而不是革命。

有一个成语叫“日新月异”，就来自“苟日新，日日新，又日新”，这个成语容易被误解，以为是要求人每一天都要发生改变，有一个大的进步。这是不对的，不能理解为每一天都有一个巨大的变化。那为什么要讲“日日新”呢？这和这句话出处有关，“汤之《盘铭》曰”，“盘”是洗脸盆之类的洗漱用品，“铭”就是刻上，汤在他的洗脸盆上刻上“苟日新，日日新，又日新”。他只能这么刻，因为脸盆是每天都要面对的，每天都要洗脸，所以只能说“苟日新，日日新，又日新”，要写月新月月新、年新年年新的话，洗脸时看到就感觉很好笑。一年遇到一次的东西，就以年为“新”的单位；一个月遇到一次的东西，就以月为“新”的单位；每日遇到的东西，就以日为“新”的单位。这就是为什么讲“日日新”了，这与“汤之《盘铭》”有关。

关于“新”的概念，还有三个方面要注意：

第一个方面，“新”不是中性词，“新”是褒义词，向好里变化是新，向坏里变化就不是新了。其实往坏里变化也是新，但我们就不叫新了。在儒家这里，新不是指万事万物的新，它是有特定内涵的，指的是德行上的新，新特指人的德行提升。当然，我们也可以把它引申到社会生活的方方面面。

第二个方面，人的德行是怎么新的？所谓德行新不是指性质上发生变化，而是在量上进行扩充。比如说一个人很好，但他只在一个方面很好，应该在量上扩大，成为各方面都好。孔孟和朱熹都是圣人，地位应该都是一样的，那我们为什么认为孔子是第一大圣人，排在其他圣人的前面呢？举一个例子，同样买东西，两个东西成色都很好，但斤两不一样。孔子和其他圣人的差别是什么，不是成色的问题而是斤两的问题。儒家认为每个人身上都具有善端，但这个善端仅仅是个开端，就如孟子的四端说，我们要做的就是不断地向外扩充，或者说是不断地回归德行的本体。因此"日日新"可以有两个理解，一个是德行不断扩充，另一个是回归原始的德行（因为之前被遮蔽）。

第三个方面，新无论是对个人还是对社会来讲，都不容易，因为人的日常生活有一种惯性，不断在重复，所以，"日日新"不是每天都新，而是说我们希望"日日新"。如果你认为明天和今天一样，你就会失去前进的动力。我们所有的奋斗都是由于我们的心中存在一个理念，那就是一定使明天的我和今天的我有个区别，这是激发我们前进的动力。正是由于我们不能做到"日日新"，我们才提出"日日新"。汤是大圣人，他可能都做不到"日日新"，还要在盘铭上刻上"日日新"，每日提醒自己，可见"日日新"之难。

第四章

《诗》云："邦畿千里，惟民所止。"《诗》云："缗蛮黄鸟，止于丘隅。"子曰："于止，知其所止，可以人而不如鸟乎！"《诗》云："穆穆文王，于缉熙敬止！"为人君，止于仁；为人臣，止于敬；为人子，止于孝；为人父，止于慈；与国人交，止于信。《诗》云："瞻彼淇澳，绿竹猗猗。有斐君子，如切如磋，如琢如磨。瑟兮僩兮，赫兮喧兮。有斐君子，终不可諠兮！"如切如磋者，道学也；如琢如磨者，自修也；瑟兮僩兮者，恂栗也；赫兮喧兮者，威仪也；有斐君子，终不可諠兮者，道盛德至善，民之不能忘也。《诗》云："於戏，前王不忘！"君子贤其贤而亲其亲，小人乐其乐而利其利，此以没世不忘也。

"《诗》云：'邦畿千里，维民所止。'"首先引用《诗经》里的两句话，"邦畿"是天子直接统治的地方，尽管天下都是属于天子的，但是天下的许多地方不是由天子直接统治的，而是由许多诸侯去统治的，看起来天子统治的地方特别广大，但是实际上天子直接统治的只有一小块地方。这一块地方有多大呢？方圆千里，也就是相当于一个大的诸侯国。"维民所止"，天子所统治的地方都是老百姓所居住的地方，这是在强调老百姓和天子的关系非常密切，天子统治方圆千里的地方，但这个地方不是给天子一个人享受的，而是所有老百姓都可以居住的地方，这是在褒扬天子——在他的统治之下，老百姓安居乐业。

“《诗》云：‘缗蛮黄鸟，止于丘隅。’”“缗蛮”是鸟的叫声，小鸟自由自在地鸣叫，说明它生活得很安逸。“止于丘隅”，快乐的鸟儿都叽叽喳喳地停留在山上的树林里面。前面讲人间的和谐状态，这里讲自然的和谐状态。为什么黄鸟这么和谐快乐呢？“子曰：‘于止，知其所止，可以人而不如鸟乎！’”这就是孔子的答案。小鸟都知道该停在什么地方（树林里安全且有食物），为什么人还不如鸟呢？很多人都不知道待在什么地方是安全的。这里，通过类比的方法，话题从鸟的身上转到人的身上来，这种类比方法在古代人那里非常常见，是一种普遍性的说理方法。这种说理方法的好处是看到了事物之间的相似性，人和鸟都会停在一个最殷实最安全的地方，但是这种类比的缺点往往是忽略了事物的差异性，容易把不同性质的东西混为一谈。比如鸟停在山上的树林里面，完全是它们本能选择的结果，而不是它们有意识选择的结果。人不一样，人有自由意志，人能够判断、选择他所待的地方，既然是选择，就有可能做出错误的选择。因此人有时候乍一看还不如鸟，因为鸟依靠本能所做的选择都是正确的。人会犯错误，犯错误的原因不一样，有的是能力上的问题，有的是认知上的问题。但是反过来讲，人犯错误恰好表明了他是人，只有人才能犯错误。孔子讲人不如鸟，似乎是贬低人，但是反过来想，这又是对人之为人的肯定。

“《诗》云：‘穆穆文王，于缉熙敬止！’”这是在树立人的典范，这就是圣人，这就是文王。我们普通人不知道该停留在什么地方，但是文王知道，文王停留在“缉熙”当中。“缉熙”就是发光的地方。什么东西发光呢？德行。也就是说文王停留在闪闪发光的道德里面。德行必定是有光的，德行能给人带来光明，照亮别人。文王给我们树立了榜样，那么根据文王的榜样，我们应该怎么去做？

“为人君，止于仁；为人臣，止于敬”。作为一个国君，应该有仁爱；作为一个人臣，应该尊敬君王。这两句就是讲君臣各自应该怎么去做，君臣各自应该有的品质是相互对立的。“君”为什么要仁，君的地位高，有权力造成大臣的不幸，所以就要用“仁爱”的品质来中和权力。臣子的地位低，很容易受到伤害，因此要找到一种品质来抵抗伤害，尊敬国君，国君就没有理由加害你了。

“为人子，止于孝；为人父，止于慈”。作为儿子，一定要孝顺。在某种意义上讲，孝是一种无条件的好。为什么是无条件呢？能不能讲条件找理由呢？为什么一定要孝顺父母呢？因为父母给了你生命，然后又养育了你成长，这是无条件的，所以你对父母的孝顺也应该是无条件的。但这个无条件的孝其实也是有条件的，那就是父慈。父慈就是父母要对孩子疼爱，不能因为给了孩子生命对孩子想打就打想骂就骂。所以这里的“孝”和“慈”是一对概念，不能只强调子女的孝顺而不去关注父母的慈爱。但现实中往往片面强调孝，很少提到慈，这是对传统文化的一种误解。“与国人交，止于信。”国人就是市民，这是讲和老百姓交往要坚守信，没有信誉社会就不成为一个社会。“信”是由一个人字旁一个“言”字组成，就是人说话的意思，人说话要算话，一旦说话不算话了，任何一件事情都做不成。上课也是由一个“信”字来支撑，大家约定了在这个教室这个时间来上课，才能进行教学活动。看起来上课过程、听课效果都很重要，但是更重要的是支撑讲课这个活动背后的“信”字。这里就把不同身份的人不同的责任和义务明确起来，这些都是我们应该做的。那仁、敬、孝、慈、信这五种好的品质是从哪来的呢？是天生的还是通过努力逐渐发扬光大的呢？下面就讲这个问题。

“《诗》云：‘瞻彼淇澳，绿竹猗猗。’”这又是引用《诗经》上的话，来说明一个君子不是天生就是君子，而是将自己磨炼成一个君子。诗歌首句的意思是，看那淇水的水边生长着茂盛的竹子。这是《诗经》里常用的比兴手法，在君子出现之前，先描写一片茂盛的竹林，而竹子在中国文化中代表人的一种气节。比兴是《诗经》的一种表现手法，后来成为一种传统，在美学上叫比德，是以自然的景物来比喻人的德行，例如绘画中的“岁寒三友”。

接下来，君子出场，“有斐君子，如切如磋，如琢如磨”。“切”，指切削骨头成各种器物。“磋”，把象牙磨制成各种器物。“琢”，是雕刻玉石制成器物。“磨”是用沙石磨光。明白了“切磋琢磨”是怎样的一个过程，就明白了君子的人格是怎么来的了。最后，“瑟兮僩兮”，成就了君子庄严高大的形象。“有斐君子，终不可諠兮”，这是讲君子的影响。打磨君子的过程也是君子内涵不断积淀的过程，内涵越丰富，形象越高大，影响力也就越大，人们越是不能忘记。

接下来是对《诗经》里的话进行解释，当然这里的解释对《诗经》的原义又作了发挥。“如切如磋者，道学也。”“如切如磋”为什么是指学习呢？因为用刀子把骨头、把象牙切割成某一种形状，这中间就有一个改变对象的过程，同样对象对改变也会有无声的抵抗，所以切磋的过程本身就存在一种斗争和矛盾，所以道学不是一团和气，道学既要提出观点，又要接受别人对这个观点的反驳，真理最后就在这种切磋和对话当中获得。所以道学里面有很热闹的景象，争论很激烈。“如琢如磨者，自修也。”玉切了之后肯定达不到光滑的结果，就需要琢磨，自修就是自我修炼、自我提高，就像不断地把玉磨光。“琢磨”是一个过程，要有耐性，不能着急，想一天就有一个大的成就是不可能的。孔子晚年的自述其实就是讲“琢磨”，“三十而立，四十而不惑，五十而知天命，六十而耳顺，七十而从心所欲，不逾矩”，每十年才琢磨出一个新的高度。现在的人哪有耐心磨炼十年，今天做研究，明天就要出成果，耐不住性子，耐不住寂寞。但成就君子人格，不是一朝一夕的事，要潜心琢磨。琢磨的结果是什么呢？“瑟兮僩兮，恂栗也；赫兮喧兮者，威仪也。”最终形成威严崇高的德行。因为不是容易的事情，所以谁做成了君子都会让人特别佩服，成为别人学习的榜样。“有斐君子，终不可諠兮者，道盛德至善，民之不能忘也。”因为这些人已经达到了这样一个高度，所以他的影响力是非常深远的。

怎样的深远呢？“《诗》云：‘於戏，前王不忘！’”呜呼，前面的贤君人们永远不能忘记。这种不忘具体体现在什么地方呢？“君子贤其贤而亲其亲”，君子是怎么记住贤王的呢？凡是贤王亲近的人就去亲近，这就是影响到君子了啊！如果只是影响到君子，那影响力就是有限的，虽然君子的层次高但毕竟人数少，因此还要影响小人。“小人乐其乐而利其利”，小人就是指普通老百姓，老百姓享受前王所创造出来的利益，这样前王所创造的一切优秀成果都被继承下来。君子更多地继承了前王精神方面的遗产，小人更多地享受了前王所创造的物质上的利益。君子加小人就等于所有人，这样所有人都从前王那里获得了好处。“此以没世不忘也”，一个至德之人，被后人牢记在心里，也就会获得一种永生。不是身体上的永生，而是精神上的永生，因此也就达到了至善。

本章说“至善”，把“至善”降低成“仁、敬、孝、慈、信”这五种特定的品质，这样既有它的好处，便于我们理解，不然我们对“至善”永远感觉很模糊，但这也容易带来误解，认为仁敬孝慈信就是“至善”了。这样的理解是错误的，因为人不是单单具有一种或几种品质就够了，我们还要超越这某一种或几种具体的品质，不断向至善靠近。“至善”严格地讲，是不能把它化为任何一种具体的道德观念的。真正的“至善”不可言说，它只是一个理念，是我们永远试图靠近但永远不能达到的理念。“仁、敬、孝、慈、信”这五种品质只是为了方便我们的理解，这类似佛教上的方便说。

第五章

子曰："听讼，吾犹人也，必也使无讼乎！"无情者不得尽其辞。大畏民志，此谓知本。

"子曰：'听讼，吾犹人也，必也使无讼乎！'"这段话《论语》中也有，文字表述基本上是一样的，是什么意思呢？"听讼"就是审理案件的意思，孔子说审理案件的话，我和别人是一样的做法，就是要做到公平、公正，要体现正义，严格按照法律审理案件。如果要讲不一样的地方，那一定就是"必也使无讼乎"，就是不让这个案件产生，"无讼"就是不要让这个案件发生。这就是孔子高于别人的地方，一般人会为自己公正的审理而沾沾自喜，甚至还有一种自豪感，认为自己没有放过一个坏人，也没有冤枉一个好人。常人都会有这样的心态。但是孔子认为这样的心态是有问题的，不应该为自己的公正审判而沾沾自喜，而应该感到一种痛心。为什么感到痛心呢？这个案子的审理固然是合理的，但是这个人犯罪本身却可能是出于不得已的，一个人违法有时候是迫于无奈和不得已，他本来也不是坏人，但是由于制度的缺失，让他有空子可钻，导致他犯错。所以孔子要进一步反思这个人为什么会去犯罪，一个人不会无缘无故想犯罪的，是你给了他一个犯罪的机会。一般人断案只停留在技的层次，但孔子断案超越了技的层次，到了道的层次，这也是一个法学家和思想家的差别，法官只看犯了什么罪，该定什么罪；思想家还会再往上升一个层次，思考如何让人不犯罪，这是两种完全不同的境界。具体该用什么样的方式方法来杜绝案件的产生呢？孔子这里没有明确地讲，但根据他的一贯思想，应该是“为政以德”，这样才能彻底避免人去犯罪，对于今天的人来讲，还可以加上一句话，要用法去减少人犯法。本章讲“至善”，这里用一个例子来说明什么是“至善”，“至善”就是“无讼乎”。

“无情者不得尽其辞”，这句话是曾子对于孔子这段话的一个解释，也可以反过来讲，曾子引用孔子的话来说明自己的思想观念，曾子的解释和孔子的思想是否一致呢？“情”是实实在在的意思，有内容的意思，“无情者”就是没有内容的那些人，没有实际思想的人，也可以讲是有错误倾向的人，一个不好的人。让这些人不能自由表达自己的想法，这和孔子的意思就不太一致。“不得尽其辞”，明显给人一种压制的感觉，任何一个人都应该有表达自己的自由，即使是错误的，也应该让他表达，否则他都不知道自己是错误的。应该让他表达出来，让别人去批评，让他意识到自己的错误并改正，不应该一开始就不让他发言。何况，他的观点未必就是不对的。

接下来这句话就把打击的范围扩大了，“大畏民志”，就把所有人都涵盖进去了，让所有人都有种害怕，有一种敬畏，这就有一种恐怖的气氛了。曾子对孔子这段话的解释可能违背了孔子的原意，孔子并没有明确地讲用什么方法达到“无讼乎”。根据孔子的思想我们断定他所强调的应该是“以德化人”，孔子经常讲“为政以德”。但是这段话经过曾子的解释让人有些毛骨悚然，不让某些人说话，通过不让某些人说话使全体老百姓心里有一种畏惧，然后达到不去犯罪的结果。解经者对经文的解释与经文本身差别竟有这么大，孔子的话让人很温暖，曾子的解释让人觉得寒冷，所以有时候把经典读错比不读更可怕。

“此谓知本”，这就是“本”，我们在生活当中经常用到“本”这个词，那什么是本呢？凡是能构成一个事物存在条件的就是本，这个条件存在，这个事物就存在；这个条件不存在，这个事物就不存在，这就是本。值得注意的是，我们通常认为本只有一个，但是这样的说法可能是有问题的，因为构成一个事物的条件不是一个，事物的本也就应该不是一个，事物有多少个条件，就有多少个本。比如维持生命存在的条件，就有心脏、大脑、血液，这些都是生命之本，不能说只有一个是本。再比如思想也是这样，儒家认为仁义道德是本，道家认为道是本，佛家认为佛是本，因此本应该是多元化的，如果倡导只有一个本的话，那这个本就非常可怕。在这个世界中，我们一般讲生命是本，这是没有问题的。但是如果我们把生命看成唯一的本，人就会贪生怕死，为了活着什么事情都可以去做。这样生命的意义就会降低，人就变成了动物性的人。因此孟子就提出一个著名的观点“舍生取义”，人不仅要活着还要有尊严地活着，人还需要有义，义也是人的本，这样人生活中就有两个本，这两个本相互制约，不至于使其中一个走向极端。如果只把义当作本，就会漠视生命，所以这个世界的本需要多元化，至少是二元化的。

第六章

（此谓知本。）

（右传之五章，盖释格物、致知之义，而今亡矣。间尝窃取程子之意以补之曰：“所谓致知在格物者，言欲致吾之知，在即物而穷其理也。盖人心之灵莫不有知，而天下之物莫不有理，惟于理有未穷，故其知有不尽也。是以《大学》始教，必使学者即凡天下之物，莫不因其已知之理而益穷之，以求至乎其极。至于用力之久，而一旦豁然贯通焉，则众物之表里精粗无不到，而吾心之全体大用无不明矣。此谓物格，此谓知之至也。”）此谓知之至也。

“此谓知本”，程颢、程颐（世称二程）认为是对上一章的重复，是多余的，主张把它删掉，删掉后这一章就剩一句话了，“此谓知之至也”，而且这句话看起来也没有什么依据，和前面也没有什么联系，放到这里给人感觉有些突兀。后来朱熹给了一个解释，他认为这句话是解释格物致知的，但是格物致知的原文已经丢失了。朱熹就揣摩丢掉的这段话的基本含义，自己补了一段话，补的这段话特别有名，但是它代表的是朱熹的思想。他为什么要补呢？他说这样和后面的文字放到一起就比较协调了，因为接下来几章的内容在讲诚意、修身、齐家、治国、平天下，就是缺了格物致知，他这样一补就把八目补齐了，这样《大学》的结构就完整了。

那朱熹的补法好不好呢？从效果来讲，这样补法还是很好的。在他补充的内容以外，他还调整了《大学》的次序，他的调整和补文对后来产生了很大的影响。因为朱熹注的四书，到元代以后成了科举考试官方指定的教材，大家考试时都严格地按照朱熹的注来回答问题，因此朱熹的注也就成为大家所共同认可的文本，这也就变成了今天所通行的版本。但是朱熹的调整并不是人人都同意的，许多人也提出了质疑，说这样随便变动经典的做法是有问题的。这里面最突出的人物就是王阳明，他坚决反对朱熹的这种做法，他认为《大学》这个文本本身是非常完整的，不需要进行调整。所以现在谈到《大学》文本时就有两个本子，一个是《大学》古本，就是没有改动的，一个是《大学》新本，就是朱熹改动的本子。那朱熹为什么要调整文本顺序以及补充文本内容呢？王阳明又为什么反对他这样做呢？他们两人的做法都是为了使《大学》的文本有利于建构自己的思想。朱熹改动的本子八目是从“格物致知”开始的，这也就意味着一个人的修养要从钻研文献开始，从读书、接触自然和社会开始，要尽可能多地掌握自然和社会的知识，也就是要把掌握客观知识作为修养的第一步。《大学》古本是从“诚意”为开端的，“诚意”是主观的，这就十分有利于王阳明建构他的思想。一个是主张从客观的东西开始，一个是主张从主观的东西开始，因此这两人思想的差别就非常大。关于《大学》文本的分歧就逐渐演变为两种思想的分歧，形成了中国思想史上的理学与心学之争。

第七章

所谓诚其意者，毋自欺也。如恶恶臭，如好好色，此之谓自谦。故君子必慎其独也！小人闲居为不善，无所不至，见君子而后厌然，掩其不善，而著其善。人之视己，如见其肺肝然，则何益矣。此谓诚于中，形于外，故君子必慎其独也。曾子曰：“十目所视，十手所指，其严乎！”富润屋，德润身，心广体胖。故君子必诚其意。

“*所谓诚其意者，毋自欺也*”，这里提出了诚意，也可以倒过来讲是意诚。“意”就是人的意念、念头。这个意念、念头一开始处在微小的状态，但是我们不能轻视这个念头，因为后来我们系统化的意识及行为，最早都是源自这个意念。我们平常可能不把它当回事，但是这个意念最终可能会决定我们的行为。所以，儒家对意念特别重视，意念是一个中性的词，它可能是好的意念，也可能是坏的意念。发扬保持好的意念，消除坏的意念，这就是诚意。一件好事来自意念，一件坏事也来自意念，所以诚意就特别重要了。儒家的思维不是等你犯错了去制裁你，而是在你有坏的意念时就制约你，这就要对最初的意念进行反思，这就是诚意的功夫。诚意是在意识中完成的，不太容易讲明白是什么意思，因此接下来就具体讲什么是诚意。“毋自欺也”，就是不要自欺。有一个成语就是“自欺欺人”，人怎么可能自己欺骗自己呢？人在什么样的情况下会自欺呢？自己欺骗自己必须有两个前提，一个前提是这个人已经具备了最起码的良知，有基本的判断是非的能力，知道什么对的，什么是错的。还有一个前提是意志自由，如果人的意志不是自由的，你又有了判断是非的能力，那么，看到是就会肯定，看到非就会否定，有了自由意志就不同了，知道这个是对的，却不按照对的去做，知道那是错的却偏要那样做。因此人自欺就得有这两个前提。动物不会自欺，它的行为都是出自本能，这也就导致了它没有精神性的生活。所以从某种意义上讲，自欺也是人之为人的体现，只有人能自欺，但也只有人能不自欺，人既能自欺又能不自欺，人从自欺到不自欺正好成就人的德行。接下来举例子说明什么是“毋自欺”。

“如恶恶臭，如好好色”，什么是不自欺呢？就像人厌恶不好的气味，就像人喜欢美色一样。这个例子就把人的不自欺变成一个自然的行为，认为这样才真正达到不自欺了。因为人闻到不好的气味自然就不喜欢，看到美丽的女子自然就喜欢，这是一种本能的行为，这个例子在宋明理学中被频繁的使用，因为这个例子表明了一种客观性，一种必然性。但是仔细揣摩，这个例子还是有点问题的，这个例子的确体现了人的不自欺，但它是人生理上的不自欺，用人的生理行为来解释人的精神行为，抹杀了精神行为与生理行为质的差别。这两个显然不在一个层次上，这个例子举得其实不是特别好。

“此之谓自谦”，“自谦”就是自己对自己很满意，“毋自欺”本身不是特别好解释，但是自谦是毋自欺所达到的一个效果，这是人人都可以体会到的，用这样的效果来印证是不是毋自欺，是比较可靠的。当自己对自己的行为很满意时这就是毋自欺，当自己对自己的行为不满意时就是自欺。为什么不满意时是自欺呢？什么是对自己的行为不满意呢？当你做了一件不好的事时，尽管这件事对你是有好处的，但由于良知的原因，自己知道自己做了一件不好的事情；尽管你做了，但你并认同自己这样的行为，对自己是不满意的。但你不能让自己停留在这样不满意的情绪状态中，你必须表现出对自己的行为很满意，这个时候，你就进入了自欺的状态。如果一个行为让自己感到自惬，那就是不自欺；如果做了自己感到不满意的事，那就是自欺。人有一种良知，知道哪儿是对的，哪儿是错的，我们不能认为一个人做了坏事，他还特别心安，而恰好他特别不心安。

“故君子必慎其独也”，这句话是讲君子如何让自己诚意，这就要“慎独”，慎独是达到诚意的一个功夫。什么是慎独呢？就是独自一个人时一定要谨慎。修养从独处时开始，在公众场合受到环境的制约，人不敢不诚其意，不敢不谨慎。人独处时，一切外在的压力和监督都不存在了，这时人的意念就最能体现人的本来面目。在这种情况下，一般人就会放松自己，就容易产生一些不好的意念，人越是在这时候越是要加强自我监管，这就是慎独。君子努力做到慎独，但不是所有人都能这样。

“小人闲居为不善，无所不至。”小人独处时放纵自己不好的意念，不加任何限制。尽管他是一个小人，但他也还是一个人，只要他还是一个人，他就天然地具有良知，在他“为不善”的时候也是能分辨是非的。在哪里可以证明呢？“见君子而后厌然，掩其不善，而著其善”，见到君子后躲躲闪闪，而且还故意掩饰不好的念头，张扬好的念头，这就意味着，即便是一个小人他也是有良知的，有自由意志的，有诚意的可能的。

“人之视己，如见其肺肝然，则何益矣。”小人是掩饰不了自己的，对小人来讲，他的自欺并不是人家永远不知道，如果不知道，他就永远自欺下去了，问题在于这种自欺很快就被发现了。为什么呢？我们接着往下看。

“此谓诚于中，形于外，故君子必慎其独也。”因为你的内心有什么，你的身体就会暴露什么，人的身心是合一的，人的外表能暴露出内心，人的内在会显现到外在，内在的自欺必然会显现到外在，人就可以通过外在显现追溯到内在自欺，所以君子要慎独。

为了强化这样的观念，引用了曾子的话来阐述，“‘十目所视，十手所指，其严乎！’富润屋，德润身，心广体胖。故君子必诚其意。”“十目”“十手”是指许多人。生活在群体当中，你面对的不是你自己，而是全体的人，尽管在某一时刻你并不处于全体人的监视之下，但是你的行为最终是受到全体人监视的。所以，你不得不慎独，不得不诚意。而且你这样做是有报答的。“富润屋，德润身，心广体胖”，“富润屋”好理解，人富贵了就有钱把自己的房屋装饰得特别漂亮。但“德”是如何滋养我们身体的呢？德使身体越来越好，德还会使身体越来越美。德的内涵特别丰富，人类所赞美的一切品质都可以称之为德。一个人有德是有好处的，拥有的德越多，人们对你的赞美就越多，赞美就是对人最好的滋润。这是儒家的思维方式，用德带来的好处和无德带来的坏处教导人们去诚意，这样，一个人去诚意就是想要得到好处、避免坏处，这就会导致德行的不纯粹，人就会为了得到某种东西而行善，而不是为行善而去行善。

第八章

所谓修身在正其心者：身有所忿懥，则不得其正；有所恐惧，则不得其正；有所好乐，则不得其正；有所忧患，则不得其正。心不在焉，视而不见，听而不闻，食而不知其味。此谓修身在正其心。

这章讲的是“正心”，和前一章所讲的“诚意”意思有些是重叠的。就两者的关系来讲，心的概念比意的概念要广，心除了意之外还有很多其他的内容，其中人的情绪就是心的一个重要组成部分。这章侧重于讲人的情绪，只要人活着，就会有种种的情绪。在西方古典哲学里，一般不是特别重视情绪，往往把情绪看作是人的某种心理行为。现代西方哲学里非常重视情绪问题，德国哲学家海德格尔特别强调人的情绪，而且强调情绪具有一种基础本体论的性质。

《大学》里也非常重视情绪问题。“所谓修身在正其心者，身有所忿懥，则不得其正；有所恐惧，则不得其正；有所好乐，则不得其正；有所忧患，则不得其正。”人有哪些情绪呢？“忿懥”“恐惧”“好乐”“忧患”，这四种情绪实际上都具有负面性质。这里的“忧患”和儒家通常讲的“忧患”不一样，儒家通常讲的“忧患”指的是家国情怀，忧国忧民，而这里的“忧患”指纠缠于个人的利害得失。那么，儒家讲的“正心”之前，我们的心到底是什么样子呢？我们的心经常在负面的情绪中，这是心的日常状态。“不得其正”的情绪是人本有的一种情绪，但又是人不应该有的情绪。我们的心经常被一种情绪所控制，而这些情绪对人来讲不是一种好的体验。所以，我们就需要“正心”使得这些情绪得到一定的控制，从情绪中走出来，摆脱情绪的控制使心达到宁静。

那么，通过什么方法来摆脱这些情绪，使心“得其正”呢？《中庸》里面有一对概念非常好，讲人的心有两种状态：一是心的未发状态，二是心的已发状态。“正心”就可以从这两种状态着手。一种是在心的未发状态上做功夫，心的未发状态，就是心处在一种纯粹的意识状态，也可以理解为心的无意识状态，在这里，正心就是让心回到原本状态。这个状态特别神秘，不是很好体会。以失眠为例，失眠时，人的意识总是处于活跃的状态，不断地想问题，而且越想越深、越想越多，最终越来越兴奋。这时人就想出各种点子让自己睡着，使心摆脱各种情绪的干扰回到心的原本状态，这就是体验未发状态。另外一种是在心的已发状态上做功夫。还拿失眠来说，想让思虑停下来但是停不下来，说明心已经发动起来了。这时就应在已发状态下做功夫，不要试图去阻拦念想，而是不要执着于念想。就像佛教里说的“念念无住”，就是让我们念想的对象不断地发生变化，这时所念想的对象就不会困扰你的情绪，你就从情绪中摆脱出来了。所以，“正心”不是把所有的情绪消灭掉，因为人的情绪是与生俱来的。正确的做法是承认这些情绪，调解这些情绪，最终化解这些情绪。只要我们有了正心的念头，那么正心就成为一种可能。

“心不在焉”，如果不去正心的话，会产生什么样的结果？心不在它该待的地方，心一旦受到各种情绪的干扰就会出现严重后果，“视而不见，听而不闻，食而不知其味”，这个后果是很可怕的，它让人彻底丧失了感官的感觉。眼睛是用来看的，但什么都没有看见；耳朵是用来听的，但是什么都没有听见；食物只是填饱了肚子而不知道食物的味道，这就意味着你仅仅是活着，但没有活出任何意义。视觉、听觉、味觉都是能够给我们带来美好感觉的器官，但是你的心一旦被各种情绪困扰，你就不能享受这个世界的美好了。所以，正心从某种意义上讲，使我们生活从无意义的状态走向有意义的状态，这个过程是永恒的、无止境的。

第九章

所谓齐其家在修其身者：人之其所亲爱而辟焉，之其所贱恶而辟焉，之其所畏敬而辟焉，之其所哀矜而辟焉，之其所敖惰而辟焉。故好而知其恶，恶而知其美者，天下鲜矣！故谚有之曰："人莫知其子之恶，莫知其苗之硕。"此谓身不修不可以齐其家。

*"所谓齐其家在修其身者：人之其所亲爱而辟焉，之其所贱恶而辟焉，之其所畏敬而辟焉，之其所哀矜而辟焉，之其所敖惰而辟焉。"*这章讲的是修身。修身和正心是有关系的，修身是正心更深层次的问题，正心是要摆脱负面情绪的干扰，修身则是要求摆脱正面情绪的干扰，我们一般把正面情绪称为情感。当我们说到情绪时，往往带有贬义的性质；而说到情感时，往往是有褒义的。我们都知道应该克服负面的情绪，但是对于正面的情感，往往褒扬比较多。"亲爱"是正面的词；"贱恶"给人感觉像是负面的词，其实不是，它的意思是，人对于该否定的就应该否定；"畏敬"也是一个褒义词；"哀矜"是同情心，也是褒义的；"敖惰"，对于某些东西看不上，就应该对它高傲。这几个词都是带有褒义性质的，对于正面的情感，我们的态度是肯定的。《大学》的伟大与深刻性就在于，在这些情感词的后面加了一个"辟"字，就是这种情感都已经过了头了。这就是对美好情感的反思。所以，修身就是对你内心所秉持的美好情感进行反思。往往美好的就是被我们所放任的，也就是最终会造成危害的，美好的情感一旦达到极端就会走向反面。那么，人为什

么会产生极端的情感呢？这是人的一种天性，是与生俱来的东西。它是我们的生活经验和知识的局限性所导致的。我们是在一个小的世界中形成了自己的思想和情感，本能地就会用这种思想和情感去解释外部世界，这个时候你已经走向偏执。所以，人把某种感情极端化是一种自发的行为。正因为是自发的，带有本能的性质，所以克服这样一种偏见就显得特别难，这是一场自己征服自己的战争，注定是持久的、艰难的。问题是，怎么样去摆脱情感的极端化呢？这就需要引进一个概念“理性”。理性的态度就是一个讲理的态度，理具有恒长的性质。人的修身就是超越情感达到理性，也是超越主观达到客观的过程。有节制地表达自己的情感，这就是艺术，放任自己的情感就是生活。所以，理性不是破坏情感，而是美化人的情感，是让情感艺术化，这样理性就能帮助我们走出情感的极端化。

“故好而知其恶，恶而知其美者，天下鲜矣。”喜欢一个人又了解他的缺点，讨厌一个人又了解他的优点，一个人做到这样就是修身了。我们对待人，不是肯定到底就是否定到底，这都是不理性的态度，这两种态度都会引起不好的后果。“天下鲜矣”，天下有理性的人太少了，也正因为太少了，我们才要去修身，否则就不能客观、公正地看待这个世界。

下面引用谚语再来说明修身的重要性。“故谚有之曰：‘人莫知其子之恶，莫知其苗之硕。’”人往往认为自己的孩子好，别人的孩子不好，为什么呢？因为有血缘关系，本能地就会偏袒自己的孩子。不认为自己家的庄稼长得好，总认为别人家的庄稼长得好，这是贪心。其实自己的孩子没有那么好，自己家的庄稼也没有那么差，但是由于受到情感极端化的影响，就会出现错误的观念。这种现象是以谚语的方式出现的，说明这样一种非修身的状态是根深蒂固的。这也表明修身太难了，也正因为修身特别难，所以需要我们去修身。本章讲的就是如何摆脱情感的困扰。

第十章

所谓治国必先齐其家者，其家不可教而能教人者，无之。故君子不出家而成教于国：孝者，所以事君也；弟者，所以事长也；慈者，所以使众也。《康诰》曰："如保赤子。"心诚求之，虽不中，不远矣。未有学养子而后嫁者也！一家仁，一国兴仁；一家让，一国兴让；一人贪戾，一国作乱；其机如此。此谓一言偾事，一人定国。尧舜帅天下以仁，而民从之；桀纣帅天下以暴，而民从之；其所令反其所好，而民不从。是故君子有诸己而后求诸人，无诸己而后非诸人。所藏乎身不恕，而能喻诸人者，未之有也。故治国在齐其家。《诗》云："桃之夭夭，其叶蓁蓁；之子于归，宜其家人。"宜其家人，而后可以教国人。《诗》云："宜兄宜弟。"宜兄宜弟，而后可以教国人。《诗》云："其仪不忒，正是四国。"其为父子兄弟足法，而后民法之也。此谓治国在齐其家。

"所谓治国必先齐其家者"，本章主要讲的是齐家问题，讲治国先要齐家，以今天人的眼光看，这句话不是很好理解。"家不可教而能教人者，无之。"你连家里关系都没有处理好，你想处理好国家关系是不可能的。"故君子不出家而成教于国"，一个君子只要治好了家，就能够治好国。这句话与上句话的表达方式不一样，意思也不一样。前一句以否定的表达方式，强调家与国的关系，治不好家就治不好国，但是没有说治好家就一定能治好国。后一句是肯定的表达方式，这就意味着治好了家就一定能治好国。相比来说，第一种表达方式更好，第二种方式容易引起人的误会。治好家就具备了治国的基础，这在今天看来不是很好理解。今天很少把治家和治国联系到一起，认为治家和治国是两个不同的领域，治家和治国应该具有不同的方法。家是以血缘关系为纽带而自然组合的群体，国是不同的人按照一种契约组成的联合体。家中成员之间的关系更加紧密，国中个体之间的关系相对松散。现代人很少把家和国合到一起，尽管现在还有“国家”的概念，但这是一个偏正词，只有国没有家。从现代意义来讲，这几句话就不好理解了。那么，是不是意味着古人说的家国关系毫无道理呢？其实不是的，这种关系在封建社会里是有道理的。我们讲的封建社会和现在历史教科书里讲的封建社会不一样。历史教科书讲的封建社会是由秦始皇建立的，我们这里讲的封建社会是狭义的，指周朝的封建制度。那么，狭义的封建社会有什么特点呢？封建社会是宗法制社会，是一个以宗为法的社会。天子封诸侯，诸侯封大夫，封的大部分是自己的家人，所以，在古代，家国具有一种同构关系。也就是说家庭成员中的伦理关系，同时也是社会领域中的政治关系，可以从伦理关系过渡到政治关系。

怎么过渡呢？“孝者，所以事君也；悌者，所以事长也；慈者，所以使众也。”这是在具体解释家国同构关系。家庭当中的孝悌关系，也就是儿子对父亲的关系、弟弟对兄长的关系，最终演变成政治生活中的君臣关系、上下级关系。我们完全可以从两个不同的角度去表述这种关系，在家庭中强调孝悌主要是为了强调政治领域的君臣关系，反过来也可以讲，在政治领域强调君臣关系就必然在家庭中强调孝悌关系。这两种表述的含义是一样的。一般说来，人们更喜欢用孝悌来代替君臣，强调家庭内部的孝悌关系，淡化政治上的君臣关系。为什么呢？因为孝悌是一种亲情，让人有一种温暖的感觉。君臣是上下级关系，下级要服从上级，显得特别生硬，而孝慈关系就显得特别柔软。这样，我们就理解古人为什么要把复杂的政治关系简化成孝悌关系，这样政治就会变得温情脉脉。但是这样一种表述也存在问题，“孝”“悌”“慈”这些我们特别看重的伦理性的词，现在只具有工具性的价值，这样儒家的伦理就被工具化了，这就降低了儒家伦理的价值。今天人讲孝，纯粹是伦理意义上的，而古人讲孝不仅仅具有伦理意义，更具有政治意义。

“《康诰》曰：‘如保赤子。’”前面讲“孝”“悌”“慈”与“事君”“事长”“使众”的关系。这几种关系是怎么发现的呢？是自然而然地发现的，就像一个父母在关注自己的小孩，尽管小孩没有说出自己的需求，但是父母就能猜出来小孩的需求是什么。“心诚求之，虽不中，不远矣。”只要你是这个小孩的父母，你就能猜出他的需求。也就意味着你只要“孝”“悌”“慈”，那“事君”“事长”“使众”就是自然而然的事。“未有学养子而后嫁者也”，没有一个人先学习怎么养小孩，然后才出嫁。而是先出嫁，然后生小孩，之后自然就知道怎么去养小孩。也就是说，“孝”“悌”“慈”做到了，你自然就知道“事君”“事长”“使众”。这里强调家庭伦理关系的重要。“一家仁，一国兴仁；一家让，一国兴让；一人贪戾，一国作乱。”这里的表述方式像排比句，但是又没有严格地把排比句式贯彻下去。比如，前面讲“一家仁，一国兴仁；一家让，一国兴让”，由家到国，但是后面呢，按照排比句式应该是“一家贪戾，一国作乱”，现在突然改成“一人贪戾，一国作乱。”为什么前面“一家”后面变成了“一人”？这是不是一个失误呢？把“一家”变成“一人”改变了这一章“齐家”的主旨，因为强调一人就是强调修身。所以，一个字的改动至少有两个方面的不协调，第一是量词的不协调，第二是改变了表述的主旨，这是一个重大的表述错误。但是为什么这样表述呢？我觉得应该是有意的，应该是隐恶扬善。说到善的时候，可以说一家仁、一家让，但是说到贪戾的时候，你不能说一国贪戾、一家贪戾，好像牵扯的面太广了，好像有意扩大贪戾的范围。“此谓一言偾事，一人定国。”这两句话显然也不是讲齐家的问题而是讲修身。一个人说了一句错话，就能破坏一件好事；一个人说了一句好话，就能让一个国家繁荣安定。

接下来是例子，“尧舜帅天下以仁，而民从之。桀纣帅天下以暴，而民从之”。这两句话仍然讲的是修身。按理来讲不应该讲尧舜和桀纣，而应该讲尧舜之家、桀纣之家。为什么不这样讲呢？我认为可能有难言之隐，因为尧舜之家其实处理得并不好，尧的儿子是不孝之子；舜的家庭更甚，父子关系不好，兄弟关系也不好。当然，关系不好原因在于他的父亲、他的弟弟。但反过来讲，你既然是大圣人，就应该处理好父子、兄弟关系。所以，只能讲尧舜而不能讲尧舜之家。这里家和国就没有逻辑关系。桀纣之家更是这样。这个例子举得不好，因为家国同构关系是从周朝开始的，而尧舜都在夏商周以前，那时的政治制度是禅让制，不是封建制。所以，那时候家国是分离的。

“其所令反其所好，而民不从。是故君子有诸己而后求诸人，无诸己而后非诸人。所藏乎身不恕，而能喻诸人者，未之有也。”这里还是讲修身问题。所以，“故治国在齐其家”这句话就显得很突兀。我个人觉得把从“尧舜”到“未之有也”这段删掉，文字会更通顺，正好能够表明“故治国在齐其家”。

“《诗》云：‘桃之夭夭，其叶蓁蓁。之子于归，宜其家人。’”这里又回归到正题上来了。桃花开得特别好，树叶茂盛，这个女子出嫁了，让婆家变得家庭和睦。“宜其家人，而后可以教国人。”因为家庭和睦了，所以天下国家就太平了。这又回到家国同构了。“《诗》云：‘宜兄宜弟。’宜兄宜弟，而后可以教国人。”这里讲兄弟关系和睦了，国家也就太平了。“《诗》云：‘其仪不忒，正是四国。’”礼仪不发生任何的错误，周边的国家就会来效仿。这时候不仅仅影响一个国家，还影响天下了。“其为父子兄弟足法，而后民法之也。”一个人在各种身份中都做得恰如其分，做父亲、儿子、兄、弟都符合社会规范，符合家庭伦理，面对这个榜样，全民跟着效仿，这充分说明“治国在齐其家”了。

第十一章

所谓平天下在治其国者：上老老而民兴孝，上长长而民兴弟，上恤孤而民不倍，是以君子有絜矩之道也。所恶于上，毋以使下；所恶于下，毋以事上；所恶于前，毋以先后；所恶于后，毋以从前；所恶于右，毋以交于左；所恶于左，毋以交于右：此之谓絜矩之道。《诗》云：“乐只君子，民之父母。”民之所好好之，民之所恶恶之，此之谓民之父母。《诗》云：“节彼南山，维石岩岩。赫赫师尹，民具尔瞻。”有国者不可以不慎，辟则为天下僇矣。《诗》云：“殷之未丧师，克配上帝。仪鉴于殷，峻命不易。”道得众则得国，失众则失国。是故君子先慎乎德。有德此有人，有人此有土，有土此有财，有财此有用。德者，本也；财者，末也。外本内末，争民施夺。是故财聚则民散，财散则民聚。是故言悖而出者，亦悖而入；货悖而入者，亦悖而出。《康诰》曰：“惟命不于常！”道善则得之，不善则失之矣。《楚书》曰：“楚国无以为宝，惟善以为宝。”舅犯曰：“亡人无以为宝，仁亲以为宝。”《秦誓》曰：“若有一个臣，断断兮无他技，其心休休焉，其如有容焉。人之有技，若己有之，人之彦圣，其心好之，不啻若自其口出，实能容之，以能保我子孙黎民，尚亦有利哉。人之有技，媢嫉以恶之，人之彦圣，而违之俾不通，实不能容，以不能保我子孙黎民，亦曰殆哉。”唯仁人放流之，迸诸四夷，不与同中国。此谓唯仁人为能爱人，能恶人。见贤而不能举，举而不能先，命也；见不善而不能退，退而不能远，过也。好人之所恶，恶人之所好，是谓拂人之性，灾必逮夫身。是故君子有大道，必忠信以得之，骄泰以失之。生财有

大道，生之者众，食之者寡，为之者疾，用之者舒，则财恒足矣。仁者以财发身，不仁者以身发财。未有上好仁而下不好义者也，未有好义其事不终者也，未有府库财非其财者也。孟献子曰："畜马乘不察于鸡豚；伐冰之家，不畜牛羊；百乘之家，不畜聚敛之臣。与其有聚敛之臣，宁有盗臣。"此谓国不以利为利，以义为利也。长国家而务财用者，必自小人矣。彼为善之，小人之使为国家，灾害并至。虽有善者，亦无如之何矣！此谓国不以利为利，以义为利也。

所谓平天下在治其国者：上老老而民兴孝，上长长而民兴弟，上恤孤而民不倍，是以君子有絜矩之道也。所恶于上，毋以使下；所恶于下，毋以事上；所恶于前，毋以先后；所恶于后，毋以从前；所恶于右，毋以交于左；所恶于左，毋以交于右；此之谓絜矩之道。《诗》云："乐只君子，民之父母。"民之所好好之，民之所恶恶之，此之谓民之父母。《诗》云："节彼南山，维石岩岩。赫赫师尹，民具尔瞻。"有国者不可以不慎，辟则为天下僇矣。《诗》云："殷之未丧师，克配上帝。仪鉴于殷，峻命不易。"道得众则得国，失众则失国。

"所谓平天下在治其国者"，什么是"平天下"？"平天下"不是以武力去征服天下，用武力征服天下是霸道，"平天下"是王道，王道以仁义让人心服，让人归顺。这个"心服"不是服哪一个人，"归顺"也不是归顺于哪一个人，而是心服于仁义、归顺于仁义。所以，"平天下"就能达到长治久安。"上老老而民兴孝，上长长而民兴悌，上恤孤而民不倍"，这是"平天下"的第一步，是"平天下"的第一条原理。这条原理讲的是，统治者自己首先要有德行，你要尊重老人、兄长，体恤那些孤苦伶仃的人。可见，这个德不是对别人的要求，而是对自己的要求，说得严重一点就是对自我的限制。接下来，老百姓才会受到你的影响，也相应地变得有德。也就是说，你先有德，再通过你的德去影响百姓，使百姓也有德。这几句话强调德的影响力。那么，统治者的德对老百姓有没有影响力呢？这个影响力是存在的，有的时候还是很明显的。但是，这个影响力也是有限的。为什么呢？如果这个德的影响力是无限的，那么，所有的统治集中在统治者本人的德行上就可以了，统治的根本问题就变成了统治者的德行问题了。事实不支持这样的说法，如果这个影响力是绝对的，而尧和舜无疑达到了我们所要求的德行了，按照影响力是无限的这样一个说法，尧舜统治的社会是一个绝对完美的社会，一个绝对完美的社会就会不断往下传递。为什么后面传递不下去了呢？这不是他们的德行消失了，而是因为德行的影响力是有限的。另一个方面，孝悌是一种普世价值，是人天然就有的德行，这个德行不用统治者提倡，它在每个人身上就已经发挥作用了。我们不会因为统治者孝悌了，我们就孝悌；统治不孝悌，我们就不孝悌。所以，这里说孝悌完全是由统治者影响的，也不符合实际。

“是以君子有絜矩之道也”，“是以”让人感觉这句话是承上的，是上面所表达的思想的一个总结，但这句话不是承上，而是启下的。“絜矩之道”是“平天下”的第二个原理。人不只是个人，人在群体中生活，还要和他人打交道，与他人打交道必须遵循一条原则，这个原则就是“絜矩之道”。“所恶于上，毋以使下；所恶于下，毋以事上；所恶于前，毋以先后；所恶于后，毋以从前；所恶于右，毋以交于左；所恶于左，毋以交于右；此之谓絜矩之道。”什么叫“絜矩之道”？这个“絜矩之道”与孔子讲的“己所不欲，勿施于人”表达的是同一个意思。厌恶在上位的人办的事，切勿用这样的事对付在下位的人。上下、前后、左右的意思是一样的，讲一个就行了，道理是一样的。这是讲我们在与人相处时如何对待别人。这是一个统一性的原则，我不希望我的上级对我这样，那我作为一个上级就不能对我的下级这样。凡事具有统一性的原则，这种原则就可以作为人们行为的一种普遍原则。德国哲学家康德的《实践理性批判》讲的就是这样一个道理。所以，准则必须上下、前后、左右统一。比如，你不喜欢别人对你撒谎，但你却对别人撒谎；你要求别人讲真话，自己却不对别人讲真话，这就表明撒谎不能成为一个普遍原则。为什么要以“絜矩之道”对待他人？因为自己就是一个他人，每一个人都是别人心中的他人，每个人都有两种身份：既是自己，也是他人，自己对他人的要求也是他人对自己的要求。但是，我们仔细辨别一下，《大学》中对“絜矩之道”的表述方式和孔子的表述方式还是有一些差别，《大学》里讲得具体，孔子讲得抽象。越抽象的道理越有普遍的适用性，越具体的道理越容易受到限制。孔子讲抽象的人己关系，无往而不适。《大学》里讲的关系比较具体，就容易出现问题。比如，以上下来说明，我不希望我的上级对我这样，我作为一个上级就不能对我的下级这样。这里就有问题，作为一个最高统治者来讲，我不喜欢我的下级对待我怎么样，我也就不以这种方式对待我的上级，但最高统治者没有上级。这样一来，这种说法无疑把最高统治者排除在外了。最下层的老百姓也是，最下层的老百姓是没有下级的，这就有问题了。这就是为什么我们最后选择孔子的表达方式，尽管它不够具体，但是具有普遍的适用性。当然，我们还要注意一点，凡是普遍原则都是用否定的方式表达的，所否定的东西都是可能给人带来伤害的东西，伤害的东西绝对不能有，而肯定的东西是对人有提高的东西，而提高的东西随他自便。

“《诗》云：‘乐只君子，民之父母。’”儒家思想喜欢强调一个好的统治者就像父母一样，把统治者和老百姓的关系说成是父母与子女的关系。父母和子女应该是什么关系呢？父母对子女好是不用说的，那么，父母如何表现他们的好呢？一种好以父母为中心，将自己的意志强加给子女；另一种好是以子女为核心，充分照顾到子女的个性，帮助子女实现心中的理想。那么，这里讲的“民之父母”是什么样的好呢？“民之所好好之，民之所恶恶之，此之谓民之父母。”真正的好不能够以自己的价值为中心，让百姓围绕着统治者来转，而是以百姓的利益为核心，统治者围绕着百姓转。真正的好必须以对方为中心。现在的问题是，尽管统治者说“民之所好好之，民之所恶恶之”，但老百姓认为他们并没有获得相应的感受。事实上，没有哪一个统治者不声称是“民之所好好之，民之所恶恶之”，但他们所声称的与老百姓的实际感受总是距离很远。所以，不是有了一个好的说法，一个好的结果就随之产生，这里很复杂。首先是“民”这个概念，谁是“民”？谁来代表这个“民”

呢？从概念上来讲，“民”应该涵盖所有的人。但局部的人、个体的人也是“民”，我们应该以哪一个“民”为中心？显然应该以个体的民为中心比较好。如果以全体之民为中心的话，个人就不能代表全体之民，个人的利益诉求也就要被否定，这样统治者就会利用全体之民的名义把所有个体之民的所有要求都否定掉了，到最后，为民服务就变成一句空话了。这里就出现了个人与整体的关系问题，这个“民”首先要代表个人，但统治者都喜欢把“民”看作全体之民，以正义的名义掩盖实质上的不正义。其次，“民”的好恶是不一样的，每个人都想把自己的利益最大化。所有人都把自己的利益最大化是不可能的，利益的整体是有限的，一方利益最大化就会影响另一方的利益，统治者到底以谁的利益为准呢？“民之所好好之，民之所恶恶之”，这句话说起来特别容易，怎么去落实呢？这就需要精心设计一个公平公正的制度去解决这个问题。

“《诗》云：‘节彼南山，维石岩岩。赫赫师尹，民具尔瞻。’”这是比兴的方法，先讲南山高耸入云，非常高大，越是高大的东西就越被人关注。官位很高的师尹，位极人臣，老百姓都用眼睛看着他。正因为大家都在关注他，所以他必须谨慎。“有国者不可以不慎，辟则为天下僇矣。”一个统治国家的人，就是最重要的人，也就是最被人关注的人。反过来讲，也是这个世界上最危险的人。一般人犯一点小错误无关紧要，影响面小，而一个“有国者”不可以不慎，因为统治国家，他的不慎就可能导致一国人出问题，所以一定要谨慎，否则会被天下人杀戮。“《诗》云：‘殷之未丧师，克配上帝。仪鉴于殷，峻命不易。’”商朝还没有失去老百姓信任的时候，德行与上帝的要求相称。商朝是怎么灭亡的？就是失去民心，所以失去天下。我们应该借鉴商朝灭亡的经验，得到天命不容易。“道得众则得国，失众则失国。”最后就是看你有没有得民心，得民心就得天下。以上讲到“平天下”的三个原则都是为了得民心。其实，这个道理统治者都懂，但统治者并没有切实体会到这个道理。“得国”和“失国”不是瞬间的事，它是一个漫长的过程，可能上一代人积累的事情到下一代才爆发，在漫长的时间里，人就容易麻木，容易产生一种侥幸心理。这就涉及对一个事件产生严重后果的判断力问题，一般人都认为这件事会导致“失众”“失国”，但统治者认为可能没有这么严重，结果，问题真的就很严重。

是故君子先慎乎德。有德此有人，有人此有土，有土此有财，有财此有用。德者，本也；财者，末也。外本内末，争民施夺。是故财聚则民散，财散则民聚。是故言悖而出者，亦悖而入；货悖而入者，亦悖而出。《康诰》曰：“惟命不于常！”道善则得之，不善则失之矣。《楚书》曰：“楚国无以为宝，惟善以为宝。”舅犯曰：“亡人无以为宝，仁亲以为宝。”

“是故君子先慎乎德”，这句话承前启后，既是对前面所讲的德的一个总结，同时又引出关于德的一个新的内容。那么这个新的内容是什么呢？就是德给人所带来的好处。“有德此有人”，“此”就是“就”的意思，指有德的人就能够拥有民心。为什么这么讲呢？因为“德”这个词意味着人的自我限制，一个能自我限制的人就是能够容得下别人的人，是能够吸引别人的人，这样的人自然能得到人们的拥护。“有人此有土”，人不可能悬在空中，他要站在大地上，因此拥有了人，也就拥有了人脚下的土地，就是讲你拥有了人自然就拥有了土地。“有土此有财”，有了土地就会有财富，因为土地上能生长出我们需要的财富，尽管我们感觉土地比较平常，但人类所拥有的一切财富都是从土地里产生出来的。“有财此有用”，有了财富，我们才能去使用财富。

这段话是一个推理，由德推到人，由人推到土地、推到财用。根据这样一个推理，我们似乎很容易得到一个结论，那就是一个人有德以后，他就会必然拥有人心、拥有土地和财富。这个推理似乎带有一种必然的性质。但仔细琢磨，就会发现这个推理是存在一些问题的。这个推理只具有一种可能性，也就是说，一个有德的人才有可能去拥有人心，拥有土地，拥有财富。在这个推理中，前一项是后一项的必要条件，但不是充分条件。所以，我们在看这个推理的时候，要特别小心，以免产生一种误解——以为有了德就能推出来后面一系列的结果。如果这样的推理成立的话，中间的项就可以去掉，德直接就产生财富了，这显然是不可能的，这是一个方面。另一个方面，我们还会看到，这个推理的结果也不符合事实。一个人有德，例如孔子，他是不是就像推理中讲的，有了德之后就拥有了人心，就拥有了财富呢？显然不是的。可见这样的一个推理它只是一种可能性的推理。

接下来就要得出一个结论，“德者，本也，财者，末也”，德是根本，有德最终必定有财，根据这个推理，我们自然会得出一个“德本财末”的结论。这句话看起来也没有什么大的问题，但是这样一种表述方式很容易把德和财分离开来，好像德是一种东西，财是另外一种东西，但是实际上，我们会发现德与财是不能分离的。什么是德呢？德不是一个抽象、独立、纯粹的东西，德总是要依附于财或者要通过财表现出德。换句话讲，德就是一种对待财的正确方式，人正是通过如何对待财来表现出德。我们讲某个人特别大方，特别有德，如果一个人特别小气，我们就很难讲这个人特别有德。可见，德与财是密切联系在一起的，它们是不能够分离的。这样去理解德和财，我们就很难说哪个是本哪个是末了，本和末是不分的。为了防止误解，我们可以用体用关系来描述德与财的关系。我们可以讲德是一种体，财是一种用。中国哲学里特别强调体用一源，体用是同一个根源，是合一的。没有体就没有用，反过来讲，没有用，体也就无从表现。我们每个人所接触的对象永远是用，我们是通过用体会到体，也就是说我们是通过财的分配方式来判断人是否有德。这样一来，德就变得很具体了，财的重要性也就体现出来了，就不是之前讲的“德本财末”，因为脱离财也就无所谓德了，因此，个人觉得德与财的这样一种表述方式才是比较恰当的。这句话是在讲德与财的关系问题。

“外本内末，争民施夺”，这是讲一种相反的情况。“外本内末”就是本末颠倒了。如果本末颠倒了，就会与民争利。统治者与百姓争利，以这种方式对待财富，就无德可言了。“是故财聚则民散，财散则民聚”，“财聚”是指财富聚集到统治者那里。如果财富聚集到统治者那里去，那民心就涣散了。“财聚”是一种错误的对待财的方式，这种错误对待财的方式就是无德，因为无德所以民心涣散，可见，德确实是在对待财的方式里面体现出来的。“财散则民聚”，这是一种正确的对待财富的方式，把财分配给老百姓，这样民心就凝聚了。民心凝聚是通过统治者散财获得的，而散财就是一种正确对待财富的方式。这里就鲜明地体现了德是在对财的分配方式中体现出来的，所以德不是一个抽象的东西，而是一个实实在在的东西。上面说的“德本财末”很容易把德理解成一种抽象的东西，而德必须有所体现。

“是故言悖而出者，亦悖而入；货悖而入者，亦悖而出。”这两句话是什么意思呢？这是在解释“财聚则民散”，是在讲无德会产生什么样的结果。你用无德的方式去对待别人，别人就会以无德的方式来对待你。你如何对待别人，别人就可以以同样的方式对待你。也就是说，你以无德的方式获得一切，别人也可以用无德的方式让你丧失一切，最终你什么也得不到。这两句话告诉人们——无德是无利可图的。这个地方我们又看到了儒家在教人行善的时候有一个特点，那就是行善会给人带来好处，不行善会给人带来坏处。因此我们发现，儒家在讲到人的德行的时候看起来很纯粹，但实际上很不纯粹。这几句话是在讲没有德会产生什么样的后果。

“《康诰》曰：‘惟命不于常。’”这是讲天命无常，什么叫“天命无常”？就是天命不一定要对某个人好，也不一定要对某个人不好。天对于一个人的好与不好不取决于天，而取决于人自己。怎么取决于自己呢？“道善则得之，不善则失之矣。”人有善有德就会得到天下，没有善没有德就会失去天下。因此，得到或者失去天下不是由天决定的，而是由人自己决定的，也就是说人自己决定自己的命运。这个道理很好理解，但我们在实际生活中却常常把失败归咎于外在的东西，这里的“天”可以理解成所有外在事物的总和。普通人常常把自己的失败归咎于外在的因素，但是一个有德的人，他总是认为失败的根源在于自己。

“《楚书》曰：‘楚国无以为宝，惟善以为宝。’”每个人心中都有自己的宝，对于一个商人来讲，在商言商，财富就是他的宝。对于读书的人来讲，书就是宝。那对于治国的人呢，善就是他的宝。治国有很多方面，怎么只把善看作宝呢？这就体现出了他在治国方面一种特殊的思想，善是一个看不见摸不着的对象，而这种想法通常会被我们忽略，那善到底是什么？接下来就具体解释这个善。“舅犯曰：‘亡人无以为宝，仁亲以为宝。’”舅犯对晋国的公子重耳讲，逃亡在外的人没有什么宝物，宝物就是“仁亲”，“仁亲”就是指亲近仁人。“善”具体表现为亲近仁人，这就让以善为宝有了具体的可操作性。

《秦誓》曰：“若有一个臣，断断兮无他技，其心休休焉，其如有容焉。人之有技，若己有之，人之彦圣，其心好之，不啻若自其口出，实能容之，以能保我子孙黎民，尚亦有利哉。人之有技，媢嫉以恶之，人之彦圣，而违之俾不通，实不能容，以不能保我子孙黎民，亦曰殆哉。”

这段话把亲近仁人说得更加具体了。“《秦誓》曰：‘若有一个臣，断断兮无他技，其心休休焉，其如有容焉。’”这个例子进一步说明，我们所亲近的仁人究竟是什么样的人，“断断兮”就是指人很老实，“无他技”就是指这个人没什么特长。这个人的心灵怎么样呢？“休休焉”就是心很宽广，“其如有容焉”，这个人的心宽广到似乎可以把一切都容进去。接下来更具体地讲怎么去容纳这个世界，首先，这个世界上好的东西，一定会容纳进去，这是没问题的。“人之有技，若己有之”，别人有了一个特长，就好像自己有了这个特长一样，这不是很容易的，并不是轻易就能做到的。只有有了容纳他人之心，他人有了特长才能像你有了特长一样。但是，当你把自己的利益和别人的利益对立起来的时候，他人的特长就会对你的利益有一种威胁。你不但不接纳他人的特长，你还会否定、拒绝他人的特长。

接下来再看“容”是一种怎样的容法，“人之彦圣，其心好之，不啻若自其口出。”别人身上有一种好的品质，就心向往之，不仅仅是嘴巴上说说而已，而是用行动去表现内心的向往之情。可见，一个能容的人，就是一个能容纳他人长处的人。尽管他自己没有长处，但是他的长处就是能容纳他人长处，这种人是一种特别有领导力、有向心力的人。一个能容纳别人长处的人就相当于把所有人的特长变成他的特长，那最后这个人就战无不胜了。“实能容之，以能保我子孙黎民，尚亦有利哉。”因为他的这种宽容之心，所以能保护子孙黎民。他把全世界的人才就容纳进来了，当然就能保护子孙黎民，这对我是有利的。这又是儒家的特点，在最后总是要谈一下德行给我们带来的好处，这种说法不是特别好，但有时候很有效果。

这个地方就是讲什么是仁人，仁人就是一个心胸特别宽广，能够容纳别人长处的人。这个地方的“仁”字，我们还可以把它的表述范围扩大，不仅仅把它理解成“若有一个臣”或者某一个人。我们也可以把“仁”字推而广之理解成一个群体、一个民族、一个国家。一个群体、一个民族、一个国家同样也应该有仁人之心、宽容之心，这样理解就更有意义了。但在很多情况下，我们不具有这种宽容之心。比如体育比赛，一看到自己的队踢进去一个球，大家就欢呼雀跃；一看见对方踢进去一个球，就保持沉默，有时还会嘘声一片，这就不是高级球迷了。真正的高级球迷就要超出两队的对立，在一个更高的层次上欣赏他们的球艺，自己的队踢进了球应该欢呼，对方的队踢进了球，同样应该欢呼，因为别人的球也踢得精彩。因此一个有德的状态是一个仁人的状态，一个仁人的状态就是一个无限容纳优点的状态，无论这个优点是谁的，我们都要容纳。

前面讲仁人，现在来看“非仁人”，“人之有技，媢嫉以恶之；人之彦圣，而违之俾不通”，这是生活中常常遇到的情况，我们自己有时也就处在这种状态当中，看见别人有长处了，就会嫉妒想把他打压下去。“违之俾不通”，故意破坏，使得他走不通。这已不是容纳的问题，而是故意地阻止他人成功。“实不能容，以不能保我子孙黎民，亦曰殆哉。”因为他不能容纳别人的长处，不能保护我的子孙黎民，这对我是危险的。所以国君治国，需要寻找仁人，寻找可以宽容、容纳别人的人。人们常常说到人才，那什么叫作人才？人才就是能容纳别人的人。不能容纳别人，就等于把所有的人才都拒之门外，你一个人不可能有那么大的能力独自支撑局面，所以你就不能保护子孙黎民。

唯仁人放流之，迸诸四夷，不与同中国。此谓唯仁人为能爱人，能恶人。见贤而不能举，举而不能先，命也；见不善而不能退，退而不能远，过也。好人之所恶，恶人之所好，是谓拂人之性，灾必逮夫身。是故君子有大道，必忠信以得之，骄泰以失之。

接下来看，“唯仁人放流之，迸诸四夷，不与同中国。”我们有一种误解，认为仁人是一种无限制宽容。实际的情况是，仁人的确宽容、容纳一切有长处的人，但对于那些有罪恶倾向的人，他不仅不宽容还要流放到远处。就是将那些心胸特别狭小的、不能容纳别人的人流放到遥远的地方去，不让他们和大家同住在一起，扰乱和谐美好的局面。可见，仁人对那些不能容人的人，表现出一种魄力。比如大舜，他即位以后，把该杀的杀，该流放的流放。你看看仁人还有另外一个面目。现在我们对仁人就有了一个新的认识。

“此谓唯仁人为能爱人，能恶人。”这句话出自《论语》，这是孔子的话，这句话不太好理解，因为每一个人天生都会爱和恨，这个地方偏偏讲只有仁人才能爱和恨，这就让人不解了。那区别在什么地方呢？仁人与普通人的爱和恨在形式上看是一样的，但出发点是不一样的。平常人爱和恨的出发点，说得好听点是情感，说得不好听点是私心，情就是私心。出于私心去爱一个人，就会导致溺爱，最终反而会害了被爱的人。出于私心去恨一个人，就会招致别人对你的恨，那就是冤冤相报何时了，这是我们一般人的爱和恨。仁人爱和恨的出发点是“理”，从理性出发去爱，就是一种有理性的爱，这种爱就不会产生一种偏差。因为理性，他在爱一个人的时候知道这个人的缺点，这就避免了溺爱。孔子就是这样一个人，他爱颜回，但也能指出颜回的缺点，这就是有理性的爱。恨也是用理性去恨，因为用理性去恨，恨的人也不恨他，要恨的话就会去恨这个理，而人怎么可能去恨一个道理呢？因此，仁人爱一个人不会导致这个人肆无忌惮，恨一个人也不会导致别人去恨他。生活中你骂一个人，这个人不恨你，那一定因为你是按照道理去骂的。圣人把那些恶人流放到四夷之地，这些人并不恨他，因为这些人知道自己有错。就如一个杀人犯最后被枪毙了，他心服口服，因为他知道杀人是要偿命的。对一个人实施一种惩罚，但他并不认为这种惩罚是错误的，尽管这种惩罚对他本身是不利的，但他依然认为这种惩罚是合理的。这就是本着道理去恨。这样，我们发现仁人很伟大，仁人杀了人流放了人，还不招人恨，让仁人来统治天下，那一定是天下太平。这个地方不仅是讲爱的问题，更多的是讲恨的问题。因此，不能认为仁人就是一味宽容，不会恨，仁人恰恰是最能爱最能恨的人，不论爱还是恨，他都是爱在理上、恨在理上。我们又发现了仁人的一个新的特点。

“见贤而不能举，举而不能先，命也”，这个“命”其实是怠慢的“慢”字。按照道理来讲，仁人既能恨又能爱，还能宽容，那么我们就理应推举仁人。但是现实中又出现了两种情况，第一种情况，“见贤而不举”，知道你是贤人，但就是不推举你，因为你的长处构成了对他的威胁。虽然嘴巴上讲要推举能人，但实际上能人很少被推举出来。为什么呢？因为能人之所以是能人，就因为他能坚持自己的观点，坚持自我的主张。所以，和能人在一起相处，并没有想象中那么和谐，而是充满了矛盾和斗争，这样你就能理解为什么“见贤而不能举”了。第二种情况是“举而不能先”，这些人只是做做样子，把贤人推举出来，但是把贤人置于自己之下，让贤人时时处处听命于自己，让贤人不能发挥他应有的作用，最后贤人也就知难而退，这就是怠慢贤人啊！

“见不善而不能退，退而不能远，过也。”按照道理来讲，见到不善的东西就应该退，应该远离它。为何见不善不退呢？因为不善的东西有一个特点，它没有自我，所以特别擅长去迎合别人，而一个特别能迎合别人的人就容易获得别人的喜欢，明知这个人不善，但还是很喜欢，这里面有我们人性的弱点。另一种情况，是“退而不能远”，知道它不好，所以远离它，但是离得不够远，这个实际上是给自己留了条后路，就是需要的时候还可以随时把他召唤回来，这就是过错。

“好人之所恶，恶人之所好，是谓拂人之性，灾必逮夫身。”把“好人之所恶，恶人之所好”看作违反了人的本性，也就是把“好人之所好，恶人之所恶”看作人的本性。这说明人性其实有两个方面，一种是大众的好恶，一种是与大众相反的好恶。可见人的内心从一开始就藏有两种不同的本性，而且这两种不同的本性相互纠缠，有时还相互矛盾相互斗争。这句话让我们体会到人性的复杂性。尽管这里讲的这种好恶是不对的，但它还是属于一种好恶。尽管它是我们需要克服的一种好恶，但却是我们根深蒂固的一种好恶，可见我们人性深处充满了矛盾。

前面讲国君统治一个国家需要仁人，又讲了仁人有哪些特点，君子显然没有达到仁人这个层次，但是他要往仁人这个方向去发展。“是故君子有大道”，君子要以仁人为榜样，力争让自己也成为一个仁人。要使得自己也成为一个仁人，就要遵循一个原则。什么样的原则呢？“必忠信以得之，骄泰以失之”，这个原则其实就是两种品质，讲得天下和失天下的两种品质。“忠信”是成为仁人必须具备的品质，忠是对待上级，信更多的是对待朋友。无论是忠还是信，都是对自己的一种约束。你要忠于别人，要全身心地投入做别人给你交代的事情，这才叫作忠，因此忠不允许自己有一点点的私心杂念，这不就是对自我的约束和限制？信是对他人的承诺，对他人的承诺其实也是对自己的一种约束。一个人要成为仁人就要从忠和信这两种品质做起。“骄泰以失之”，“骄泰”就是放纵自己、无视他人、拒绝他人，这就离仁人的宽容越来越远了。这句话是对上面一段话的总结。

生财有大道，生之者众，食之者寡，为之者疾，用之者舒，则财恒足矣。仁者以财发身，不仁者以身发财。未有上好仁而下不好义者也，未有好义其事不终者也，未有府库财非其财者也。

这个地方又讲财的问题，可见财这个问题特别重要，甚至可以讲一个人能否具有德行，他面临的一个主要障碍其实就是财的问题。因此，这里就更进一步阐述了儒家的财富观，怎样对待自己的财富。财富对于一个人来讲，实在是太重要了。财富是一个人生存的基础，所以，人本能地希望拥有更多的财富，以确保自己的安全。如何对待财富的问题，是人生中一个特别重要的问题。从一个人如何对待财富，就能看出一个人的德行。关于财富的问题，第一个就是如何产生财富。“生财有大道，生之者众，食之者寡”，这句话翻译的时候要注意，这里面有两个“者”字，很容易翻译成“生产的人多，消费的人少”。这种翻译一看就不太合乎逻辑，所有生产的人都需要消费，那些不生产的人也要消费，人人都要消费，消费是有定数的。因此，“生之者众，食之者寡”应该翻译成“生产财富要多，消费财富要少”。这是讲积累财富有两种方式，一种是更多地生产财富，一种是更少地使用财富。“为之者疾，用之者舒”，生产财富速度要快，使用财富要慢。这两种方式应该是大家在日常生活中积累财富的常用方式，一种是开拓财源，一种是节约用度。“则财恒足矣”，财富就够用了。这是讲怎样积累财富。

“仁者以财发身，不仁者以身发财。”这两句话讲得很好，讲了两种财富观，仁者是怎样对待财富的，以及不仁者是怎样对待财富的。财富是由于我们身体的需要产生的，这就必然会产生一个财富与身体的关系问题。这个关系就被表述成这两句话，“以财发身”和“以身发财”。先看“以财发身”，仁者把身体看作目的，把财富看作手段，一切财富最终都是为身体服务的。财富是用来滋养人的身体的，由于身体是有限的，所以，我们对财富的需要也是有限的。但是人的身体里还有一个了不起的心，我们的心特别关照我们的身体，希望我们的身体越来越舒适，结果就导致我们无限地索取财富，在过度生产财富的过程当中伤害了我们的身体，因此，就出现了另外一种情况——以身发财。就是把身体作为一个工具，而把财富作为一个索取的目标。由于财富是无限的，所以，我们有限的身体在面对无限的财富时，就会力不从心。儒家这里讲到了一个原则，财富要服务于身体。但是人类的很多需求已经远远超过了身体的需要了，按照儒家的财富观，我们应该把速度放慢，不要过多地追求财富。

接下来又讲了一个原则，“未有上好仁而下不好义者也”，作为一个统治者如何长久地保持住财富呢？保持财富的原则是什么呢？就是君“好仁”，臣“好义”。这个“好仁”的仁不能理解成一种爱心，爱心是没有办法导致臣子义的。这个“仁”应该是孟子讲的仁政的意思。它是一个系统的工程，是一系列的制度和措施，这才能导致臣子的义，这个“义”就是按照制度和规矩去做。这句话可以这样理解，国君实行了一种仁政，在仁政之下，臣子才能够去表现自己的义。“未有好义其事不终者也”，“义”就是按照道理去做事，只要按照规矩、道理去做事，事情就能很好地完成。“未有府库财非其财者也”，“府库”指仓库里面的财富，如何保证仓库里积累的财富不被人偷偷拿走呢？这就需要国君的仁、臣子的义。有了仁和义，放在府库里的财富才会是你的财富，所以要保证财富最终要依靠仁义。这又回到儒家的思路上来了——儒家在讲财富的时候始终不忘仁义。

孟献子曰：“畜马乘不察于鸡豚；伐冰之家，不畜牛羊；百乘之家，不畜聚敛之臣。与其有聚敛之臣，宁有盗臣。”此谓国不以利为利，以义为利也。

“孟献子曰：‘畜马乘不察于鸡豚’”，孟献子的意思是说，有车马的家庭就不要再考虑养鸡和猪，家里有车马说明你已经很富裕了。这句话听上去很奇怪，为什么家里有车马就不能养鸡和猪呢？接下来，“伐冰之家，不畜牛羊”，“伐冰”就是指古人用一种方法制作出冰，能够掌握制冰技术之家，应该比有车马的家庭还富裕，这种家庭就不要再养牛羊了。“百乘之家，不畜聚敛之臣。与其有聚敛之臣，宁有盗臣”，“百乘之家”就相当于一个小的诸侯国了，这样的家庭不要再养一些“聚敛之臣”，替你收敛财富了。“聚敛之臣”比强盗更可恶，强盗不掩饰他的行为，他也知道他是不对的。而“聚敛之臣”把别人的财富聚敛到他的家里，他还能说出一套振振有词的道理，讲道理比强盗不讲道理还可怕。强盗拿走你的财富只要你口服，不在乎你是否心服。但“聚敛之臣”拿走别人的财富，既要让人口服还要让别人心服。孟献子的意思是，你不要试图追求所有的财富，你应该把某一些财富主动让出来给别人。比如你家里有车马了，你就不要养鸡和猪了，养鸡养猪的事就该让别人去干了。不要试图去穷尽所有的财富，也要给别人一条生路，这种财富观里面有一种人道主义精神，有一种人文关怀。你不能凭借你的实力去垄断一切，这在今天也是一样的，一个企业在行业里做成了绝对第一的时候，价格就会由你确定，就会产生垄断。国家就会出面干预，把你的企业拆分掉，有一个法律叫反垄断法，就管这个。有了车马还养猪和鸡，就体现了你的贪婪，你想要把所有的财富一网打尽，不想给别人留下任何生路。而儒家的财富观就是告诫人在追求财富时要适可而止，这是一种很好的财富观。

“此谓国不以利为利，以义为利也。”治国的人不要把财富当作财富，而要把道义当作财富。所以，治国的人不要老是关注怎样去创造财富的问题，而是要去关注财富的分配问题。儒家特别关注财富的分配问题，有一句话叫“不患寡而患不均”，在一种贫穷的状态下，大家相安无事，富裕的时候反而矛盾重重。

长国家而务财用者，必自小人矣。彼为善之，小人之使为国家，灾害并至。虽有善者，亦无如之何矣！此谓国不以利为利，以义为利也。

“长国家而务财用者，必自小人矣”，一个统治国家的人专门去追求财富的话，那么这个人肯定就是个小人。这句话还是讲要关注社会财富的分配问题，不能只追求财富的积累。一个国家不富裕不行，富裕了之后还要合理分配财富。没有高度的智慧，财富越多，麻烦越多。如何分配财富是一个智慧。

“彼为善之，小人之使为国家，灾害并至。”如果国君认为这样的小人好，并让他不断地去积累财富，随着财富的增加，国家发生动乱的可能性也在增加。这是站在一个很高的角度去思考财富的问题。“虽有善者，亦无如之何矣！”把财富的积累看作最高的追求，这个时候，贤能的人也无法改变这种混乱的局面了。

“此谓国不以利为利，以义为利也。”所以，统治国家就不能以利益为追求目标，而要以道义为追求目标。这里要特别注意，“不以利为利”不是要否定利，而是说不要把利作为最高的追求目标，有了利，还要想着义。义的问题是随着利的产生而出现的，如果没有利的出现也就没有义的问题。如果不明白这个道理，一味去追求财富就会导致社会动乱。社会动乱有两个原因，一方面是贫穷导致动乱，解决的方法就是富裕起来；另一个方面，富裕也会导致动乱，解决方法就是合理地分配财富。《大学》里用了许多篇幅来讲财富的问题，可见，有人说儒家不讲财富不讲利益，这是不对的。儒家财富观在今天仍然非常具有启发意义。

中 庸

第一章

天命之谓性，率性之谓道，修道之谓教。道也者，不可须臾离也，可离非道也。是故君子戒慎乎其所不睹，恐惧乎其所不闻。莫见乎隐，莫显乎微，故君子慎其独也。喜怒哀乐之未发，谓之中；发而皆中节，谓之和。中也者，天下之大本也；和也者，天下之达道也。致中和，天地位焉，万物育焉。

“天命之谓性，率性之谓道，修道之谓教。”这里出现了三个概念“性”“道”“教”，首先，“天命之谓性”，“性”出自“天命”，性不是我们随意规定的。那什么叫“天命”？天本身不说话，我们是怎么知道天命的？天命依赖于人对它的理解，因此也可以说天命是由人规定的。从中可以发现有一种循环的规定，天命规定了什么是性，性又反过来规定了什么是天命，不同的人对天命的理解是不一样的。《中庸》是儒家文化的代表，这里讲的天命自然具有儒家文化的意味，儒家文化规定了性来自天命。“天命”既然是一个虚的概念，我们为什么还需要这样一个概念？这个概念的提出还有什么意义呢？目的是将性的概念提到天命的高度，以增强性的可信度和权威性。这样一来，我们在谈到性时，至少会觉得性是有渊源的、有来历的，不是儒家随意规定的。其次，“率性之谓道”，按照本性去做就叫“道”。这里我们不能误解率性，我们日常所讲的率性与儒家所讲的率性不太一样，我们通常所讲的率性指的是人的性情，而儒家这里的性有一种特殊的规定性，是来自天命的性，它指的是人有一种天然的责任，即一种以天下为己任的抱负，这里包含有儒家“达者兼济天下，穷者独善其身”的精神气质，按照这种性的原则去做事才是道。最后，“修道之谓教”，“修”指修养，“教”是指教化。“修道”就是对人的教育，让人以道的方式做事就是教化。儒家的教也有特殊的含义，不是所有的教育都叫教，而是特指用道来引导人，教育最核心的内容就是教人行道，通俗来讲就是教人如何做人的意思。“性”“道”“教”这三个概念是总纲领。

“道也者，不可须臾离也，可离非道也。”这里讲人和道的关系，任何时候人都不能离开道，如果人能离开，就不叫道了，人和道应该合一。这里我们要注意的是，既然人和道是合一的关系，片刻都不能离开，那人还需要修道吗？修道意味着人和道有分离的倾向，人有可能背离道。所以，人不能离开道是对人的一种要求，不是事实。通常，人有一种离开道的倾向，道就是路，人要行走就离不开道路，但人有可能偏离道，走上歪门邪道。所以“不可须臾离也”不是不可片刻离开，而是从根本的意义上不能离开。从中我们发现，人是有自由意志的，尽管儒家很少强调自由，但儒家要求我们修道的时候，实际上也就间接认同了人有自由意志。人能够悖离道，才需要修道，也只有人才能悖离道，才能修道。动物无所谓悖离道，也无所谓修道。所以，儒家的修道，正是基于人的自由意志，在这种情况下，人就有多种选择，在儒家看来，在多种选择里，只有一种选择是有价值的，返回道才是人最明智的选择。如何才能返回道呢？

“是故君子戒慎乎其所不睹，恐惧乎其所不闻。”人在什么情况下最容易偏离大道呢？就是在别人看不见听不到的时候。当别人听得到看得见时，人就处在别人的监督之下，人就能控制自己的言行不偏离道，在别人听不到看不见时，人就处于无人监控的状态，这时，人只面对自己，人在这种状态下最容易偏离大道。按照儒家的讲法，这是人最要下功夫的时候，要“戒慎”“恐惧”。宋明理学对此讲得特别多，人在独自面对自己的时候，要有一种自我控制的能力。“戒慎”就是特别警惕。我们通常在面对人群的时候“戒慎”“恐惧”，而君子在周围没有任何威胁的时候，却也能“戒慎”“恐惧”，这时他所恐惧的不是他人，而是自己，是自己对自己的一种不信任，担心自己会放纵自己。所以，“戒慎”“恐惧”讲的不是外在的危险，而是内在自己给自己带来的危险，这是说在我们感到最安全的时候，可能正是最危险的时候。

“莫见乎隐，莫显乎微，故君子慎其独也。”这两句话讲为什么要慎独。“隐”是看不见的意思，“微”是微小，也是看不见的意思。一个东西，在它微小的时候，人们都不在意。但就在人不在意的时候，危险就悄悄来临了。一个不好的意念，在它还只是一个意念的时候，谁都不在意，不就是一个意念嘛，但这个微小的意念会不断得到强化，最终形成一个强大的意念，导致一个不好的行为。所以，“隐”就是见，“微”就是显，最隐蔽的也是最暴露的，最微小的东西可能就是最明显的。因此，君子要“慎独”，“慎独”就是自己对自己有不信任感。当你开始不信任自己时，就是你开始保护自己的时候，就不会鲁莽行事使自己处于危险的境地。这一切都是在独自一个人的时候发生的事情，可见，独自一个人时并不是风平浪静，恰好是内心斗争最激烈、最惊涛骇浪的时候。

“喜怒哀乐之未发，谓之中；发而皆中节，谓之和。中也者，天下之大本也；和也者，天下之达道也。”“未发”“已发”是宋明理学家们最喜欢讨论的问题。“未发”是指喜怒哀乐还没有产生时人的意识状态，这是一种纯意识状态，也就是中的状态，这个时候意识里没有任何内容。这种未发的状态不是很好理解，我们平常很少体验到这种未发状态是什么样子，但是，只要有喜怒哀乐产生，就一定有一个喜怒哀乐产生以前的未发状态。“未发”状态在宋明理学中被当作是最高的境界。“已发”指喜怒哀乐已经产生，这时每一种感情都要节制，表现得恰如其分，这就叫作“和”。比如，孔子讲“乐而不淫，哀而不伤”，人不能不乐，也不能不哀，但一定要做到哀乐有度，使情感处于中和状态。尽管达到中和状态很难，但至少是我们努力的目标。相对来说，“已发”状态的和比“未发”状态的中要容易理解。宋明理学的讨论集中在“未发”和“已发”的关系上，有两种看法，一种观点认为“未发”“已发”是时间上的先后关系；另一种观点认为“未发”“已发”是逻辑上的先后关系，也可以说是体用关系。两种关系的表述不一样，意思也不一样，但基本思路却是完全一致的，都要假定一个原初的状态，让人回到那样一个状态。就时间而言，未发状态在先，已发状态在后，修养的功夫就是要从已发状态回到未发状态。就体用而言，未发状态是体，已发状态是用，修养的功夫，就是由用到体。无论哪一种修养方式，都是“未发”优先于“已发”。但“未发”无论是作为情绪的原初状态，还是作为体，它自身都是晦暗不明的，都具有某种神秘的性质。无论我们是否真的能够进入未发状态，设定未发状态都意义重大，因为人常在情感的已发状态中，并为已发状态的感情所深深困扰，失去正确判断事物的能力。人们迫切需要摆脱已发的情感状态，进入情感的未发状态。

“致中和，天地位焉，万物育焉。”“中”“和”是人的修养所要达到的两种境界，那么，达到中和状态会产生什么样的效果呢？可以说，效果非常惊人：天地各就其位，万物自然生长。可见，《中庸》把人的情绪看得特别重要，中庸首先应是情绪的中庸，人的情绪影响到人的行为，而人的行为不只关涉到他人，还关涉到天地万物。这样，人的内在情绪不再是无足轻重的小事，而是事关天地万物的大事。情绪失去中和就会搅得天地不宁、万物不生。“致中和”，就是保证人的情绪在任何时候都处于健康状态，人的情绪健康了，天地万物才能健康。值得注意的是，“致中和”不只是道德上的问题，某种意义上，它已经超越了道德，因为情绪问题不仅涉及个体和他人的关系，更深层的意义上，还涉及个体与自己的关系，以及和天地万物的关系。

第二章

仲尼曰：“君子中庸，小人反中庸。君子之中庸也，君子而时中；小人之中庸也，小人而无忌惮也。”

从本章开始，一直到后面的二十章，引用的都是孔子的语录，一般都认为《中庸》是子思写的，子思是孔子的孙子。《中庸》中所引用的这些语录，除了第三章在《论语》中有，其他的语录在《论语》中都没有见到，也就是说在《中庸》里首次出现的，且都集中论述中庸的问题，这些语录究竟从何而来就不得而知了。可能是子思特殊的身份，得到祖传的秘籍，也可能是子思很用心地把孔子关于“中庸”的思想言论集中于此。无论是哪种情况都说明一点，《论语》所记录的只是孔子的部分言论，是其后人及学生们精心挑选出来的，那选择的标准就显得尤为重要，尽管它大致反映了孔子的一些核心思想，但也肯定会遗漏一些他们认为非核心的思想。因此，从某种意义上讲，《论语》是研究孔子思想最可信的资料，但我们并不能确定《论语》中的内容是孔子思想的全部。只是，我们也找不到其他的证明材料，所以姑且认为《论语》中展示的孔子思想就是孔子思想的全部。知道这一点很重要，知道这一点后，就会有一些假想，我们平常所讲的孔子思想未必是真正的孔子思想，由此，我们的思路也就打开了。

第一章谈的是中和，而之后引用的孔子所有的言论讲的都是中庸，核心词上出现明显的差别，用词的差别令人费解，所以有人认为《中庸》可能不是出自一人之手。中和与中庸有一致的地方，但又各有侧重。中和侧重于人的情绪，人如何控制自己的情绪，使情绪表现得不过分；中庸则超越了人的情绪，涉及人的言和行，范围更广。对于“中庸”一词的具体解释我们集中放在第三章来讲。

本章讲君子和小人的差别，孔子从许多方面都谈到君子和小人的差别，这里是从中庸的角度来谈差别的。君子的特点是中庸，小人的特点是反中庸。由于君子讲中庸，所以特别关注“时中”，也就是任何时候都想着达到中庸。“时中”这一概念影响特别大，是宋明理学常用的词，要做到“时中”特别不易，“时”就是时机，时机是刚要开始还没开始的时候，人最难把握的就是时机。由于“时中”太难，我们最好把“君子而时中”翻译成君子任何时候都以中庸的标准要求自己，否则就把君子说得太高了，或者把中庸说得太容易了。小人不按照中庸的标准要求自己，无所顾忌、无所畏惧。这里有一个问题，是君子中庸才有所顾忌，还是有所顾忌才追求中庸？是小人反对中庸才无所忌惮，还是无所忌惮才反对中庸？中庸与忌惮哪个更根本？所谓“忌惮”，就是有所敬畏，有了敬畏之心，才会害怕，才会主动去约束自己的行为，最终表现为用中庸去要求自己。如果没有畏惧，没有敬畏感，没有一条不可逾越的底线，行为上就会放纵自己，无所不为。这里与其讲君子与小人的差别是中庸和反中庸，还不如说是敬畏和无畏。可见，实现中庸必须依赖于一个更高的东西、一个更外在的东西，只有先对这个世界有一种敬畏感，然后才会产生中庸意识，敬畏与否决定了中庸与否。那应该敬畏什么呢？就是要敬畏天命，如果我们敬畏天命，自然就会朝着中庸去努力；如果不相信天命，在行为上就会违背中庸。孔子说由于中庸所以“时中”，由于反中庸所以无忌惮，我们要反着解读，因为“时中”所以才会中庸，由于无忌惮所以反中庸。那么，人该不该敬畏天命呢？人在天地之间，依赖天地所养，畏天畏地是再正常不过了，否则就是不知天高地厚，因此敬畏是必需的。

第三章

子曰：“中庸其至矣乎！民鲜能久矣！”

这句话《论语》上也有，文字略有不同，但意思并没有什么区别。《中庸》是子思的作品，“子曰”是子思引用孔子也就是其祖父的话。首先，我们来解释一下“中庸”这个词的意思。其实在孔子以前，中国早已有了“中”这个概念，中国古代的《周易》、《尚书》还有《诗经》里面都提到“中”，可见“中”这个概念是很早就有的，不是孔子创造的。孔子在“中”后面加了一个“庸”字，于是就有了“中庸”这个词。可见“中”“庸”两个字合在一起是从孔子开始的，在孔子以前只有“中”，没有“中庸”。那么，孔子在“中”的后面加了一个“庸”字，用意何在？加了“庸”以后，意思会发生什么样的变化呢？从历史上来看，“庸”字有三种含义，第一种含义，是把“庸”解释为用，“中庸”就是用中的意思；也就是说，中不仅仅是一种理论，还是一种实践，这就给“中庸”这个概念作了一个规定，它不是要求研究中庸的含义，而是要求如何使用中。可见，孔子在“中”的后面加一个“庸”字是为了强调中庸的实践品格，即中庸不是一个纯理论命题，而是一个实践性的命题，这对中国文化影响深远。第二种含义，是把“庸”理解为常，这样“中庸”就是一种大家公认的生活常理。第三种含义，是把“庸”理解为平常、平庸，这样，“中庸”就是指生活当中人人都会遇到的一个极为平常的道理，并不是只有少数人才使用的。

“中庸其至矣乎！”“至”是至高无上的意思。孔子认为中庸是一种至高无上的道德。中庸为什么是至高无上的呢？这就涉及到对“中”字的把握。什么叫作“中”呢？“中”通常指中间的部分。事物中间的部分为什么特别重要呢？因为它是事物的核心，能牵一发而动全身。中庸就是要找到这个中。如果是一个物的话，我们可以用数学的方法去寻找这个中，可以通过测量来找到事物的中。但是这里所讲的“中”，一般不针对自然界的某个特定对象，而是指我们做事、做人要符合“中”的概念。了解了“中”的概念之后，就可以明白中庸为什么高不可攀，难以到达了。原因主要有三点：首先，由于中庸对象的特殊性，就不能用数学的方法去测量这个中到底在什么地方，别人也无法指出应该如何去做才能够中。达到中只能依赖于人的一种感觉，依赖于人对事物的一种把握能力，这就是中庸困难的地方。其次，中是在不断发生变化的，并不固定在某一个地方。因为中自己不能决定自己是中，它依靠周边的事物来确定它是否是中。但周边的事物是超出人的把握能力的，周边环境不断发生改变，中相应地也要发生变化，所以中是动态的。一个动态的东西，把握起来的难度要比静态的东西难度大得多，我们对动态的中往往无从把握。最后，中庸是日常生活中的平常道理，如果严格按照中去生活，那就意味着只能过一种普通平常的生活。然而，人的本性决定了人很难满足于这种生活，人要实现人生无限的可能性，就要突破这种平庸，去做一些轰轰烈烈的事情。中庸很难，说到底是因为人类的智力有限，人尽管有整体的概念，但却从未真正把握过事物的整体。从理性层面上看，整体应该是有边界的，但从感性层面上看，整体是无边界的、是无限的。没有整体，哪来的中心？比如，最早人们认为地球是宇宙的中心，但后来有人提出太阳是宇宙的中心。但是，因为我们并没有把握到宇宙整体，所以太阳到底是不是宇宙的中心还是不确定的。另外，人性的弱点注定了人很难控制自己的欲望，人不甘平庸，也导致了人达不到中。由于这两个方面的原因，所以，应该把中庸理解成人类的一种生活理念，一种理想的生活状态，而不是现实的生活状态。作为一个理念，我们只能无限地靠近中庸，但却难以实现中庸。

“民鲜能久矣！”一般人很久没有达到中庸了。言下之意，在很久很久以前，曾经有过一个中庸的时代。这个怎样理解呢？这就牵扯到儒家思想的一个特点，也是中国思想的一个特点，甚至还可以说是人类思想的一个特点，就是倾向于认为那些最好的生活状态、最高的生活理想，在人类历史上是曾经出现过的，但是后来慢慢失落了这种理想，现在，通过我们的努力还可以回到过去的理想状态。对于儒家来讲，理想的状态是夏商周三代，认为那时社会处于中的状态，但后来社会脱离了中的状态，而现在我们要回到那个中的状态。虽然从历史上讲，夏商周三代可能并不像儒家想象的那么美好，但是我们又必须假定它非常美好，这就意味着通过努力是可以实现我们的理想的。

总的来说，我们要改变传统上对于中庸的理解，因为“中庸之道”这个词在中国人嘴里几乎已经变成一个口头禅了，以至于大家都认为中庸是一个特别容易做到的事情。其实中庸是特别难的，所以，说一个人中庸绝不是贬义的，而是对一个人最大的褒奖。

第四章

子曰：“道之不行也，我知之矣，知者过之，愚者不及也；道之不明也，我知之矣，贤者过之，不肖者不及也。人莫不饮食也，鲜能知味也。”

上一章是感慨中庸很难，这一章具体地讲中庸为什么很难，难在什么地方？其实，这也是困扰孔子的一个问题。“道之不行也，我知之矣”，这里的“道”指的是中庸之道。他终于想明白了，中庸之道为什么行不通？“知者过之，愚者不及也。”世界上有两种人，一种是“知者”，特别聪明的人；一种是“愚者”，特别笨的人。这个分类让人很奇怪，居然没有一类人与中相对应。按道理来讲，这个世界上应该有三种人，即知者、普通人、愚者，他们都应存在。但孔子认为人的智力不是过了就是达不到，没有与中天然对应的人，普通人也与中庸无缘。“愚者不及”，人们很容易理解，一个人太笨，智力达不到中的水平。但“知者”，是特别聪明的人，为什么也达不到中呢？这就是“过犹不及”。通常我们认为“过”与“不及”之间还要有个区别，认为“过”总是要比“不及”好些，认为特别聪明的人肯定比特别笨的人要好些。虽然做事做过了头，但毕竟是出于好意，毕竟能体现一种智慧啊！所以，我们往往肯定它，认为“过”比“不及”要好。但是，孔子认为“过”和“不及”都是不好的。这就要引起我们注意了，当我们和圣人的观念不一致时，就需要思考了，思考圣人用心何在。一个特别笨的人处理不好事情，固然会导致社会出现混乱，但那些过于聪明、过于使用智力的人，同样会使社会发生混乱，而且，“知者”造成的混乱更可怕。因为“愚者”的错误明摆着，我们可以去纠正，但是对于“知者”，我们在价值上倾向于肯定、崇拜他们，意识不到他们的错误，以至于对他们的错误行为火上浇油。三国时期的混乱就是因为智者太多，谋略一个比一个高，互相争强好胜、不甘示弱，最终祸及无辜的老百姓。一个愚笨的人给世界带来的灾难是我们能认识到的，但是一个聪明的、有智慧的人，给世界带来的灾难却是我们看不清的。所以孔子提醒我们要注意，对特别聪明的人、了不起的人要存一个质疑，要有一个反思。有了这个反思之后，对于特别聪明智慧的人的行为就会有足够的警惕。如果大家没有这个警惕，那结果是完全认识不到的。对于“知者过之，愚者不及也”的理解，我们还可以换一个角度。“知者”代表进步，“愚者”代表落后，人类一直处于落后状态固然不好，但如果人类一直无限制地往前发展是不是就好呢？这得打个问号。孔子提醒“过犹不及”，如果我们对进步保持一点警惕心的话，当大家都在为科技的进步欢呼时，你可能就会对科技有所反思，人得益于人的智慧，也可能最终会被人的智慧所毁灭。

因为“知者过之，愚者不及”，我们才知道为什么“道”不行了，因为人太聪明了。孔子讲这种话，的的确确表现出他在两千五百年前就有一种危机感，不然为什么说“过犹不及”而不反过来说“不及犹过”呢？因为对“不及”大家有一个共识——这个东西本来就不好。当人们觉得一个东西不好，而另外一个东西绝对好的时候，危险就从这个地方开始了。因此孔子就讲“过犹不及”，给我们警示一下。

“道之不明也，我知之矣，贤者过之，不肖者不及也。”“贤”指一个人道德好，“不肖”指一个人道德不好。一般认为贤是一个好事情，一个好人变得越来越好，按理说我们不应该批评他。但孔子认为做一个坏人固然不好，做一个好人也不能太过分，做好人也要适可而止。因为做好人总是要涉及他人，不能只顾自己做好人，还要顾及他人的需要，他人需要你做好人，你就义无反顾地去做好人，他人不需要你去做好人，就不要去给他人添乱。

“人莫不饮食也，鲜能知味也。”人没有不吃饭的，但很少有人能吃出食物真正的味道。的确是这样的，我们很难尝出食物的真正味道主要有两个原因：一个是缘于食物的烹饪方法，放的作料太多，加工过多；另一个是由于生理上的原因，人在吃饭之前很少能达到绝对健康的吃饭状态，有的时候太饿，有的时候食欲不佳，最终导致对食物的味道失去判断力。饿的时候，很容易把不太好吃的东西判断为好吃；食欲不佳的时候，容易把一个好吃的东西判断为不好吃。很少有人在每天吃饭的时候都保持那种健康的状态，大部分时间不是饱了一点，就是饿了一点，导致我们对食物的判断发生了错误，从而没有尝到食物的正味。联系前文，食物的正味就类似于孔子讲的中庸，我们往往不是过了一点就是不及一点。

第五章

子曰：“道其不行矣夫！”

这个“道”和上面一样都是中庸之道。孔子这句话是在感慨，感慨中庸之道可能是行不通的。这样的感慨肯定是有原因的，春秋末年“礼崩乐坏”，这在《论语》中有很多记载，如“八佾舞于庭”“三家者以《雍》彻”。孔子对此现象一方面表示极大的愤慨，另一方面，不可避免地产生了“道其不行”的感慨。那么礼乐和中庸是什么关系呢？最早的时候，礼乐就代表着中庸，是中庸的一个最典型的体现。因为中庸难以把握，于是就有一些贤人、圣人，他们把不可把握的中转化成我们能把握的礼乐，使它成为我们行为的一个依据。尽管时间久了，礼也会出现一定的僵化，但毕竟有一个依据。但礼崩之后，这个礼的依据就不存在了，社会就陷入了混乱。所以孔子讲“道其不行矣夫”，他是有所指的，因为破坏礼就是破坏中庸。中庸是虚无缥缈的，把握不定，无法破坏，所以人们通常通过破坏礼来破坏中庸，因为礼最早是本于中庸的。

“道其不行”可能是孔子晚年的一个感慨，他一生经历了很多，感觉到很悲观，所以发出了这样一个感慨，也可能是孔子一时的一种情绪式的感慨，个人觉得把这句话理解成一时的情绪可能更好。原因在于，就孔子整个的思想来讲，他对社会还是充满希望的，这个感慨本身不影响他思想的全貌，不表明他真的认为“道”已经行不通了。另一个方面，尽管后世将孔子誉为圣人，但圣人也是人，他在艰难的处境之下也会和普通人一样感到悲观，这是圣人和常人相通的地方。

第六章

子曰：“舜其大知也与！舜好问而好察迩言，隐恶而扬善，执其两端，用其中于民，其斯以为舜乎！”

“舜其大知也与！”因为前面讲了“知者”，所以在这里没有再用“知者”，而是用了“大知”，这就体现了和前面的一个区别，常人的智是一般的智慧，而舜呢，是大智。可以把前面的“知”理解成小聪明，把这里讲的“大知”理解成大智慧。“知者过之”，而“大知”恰好是对“知”的限定，后面的每句话都是在讲什么是大智慧。

“舜好问而好察迩言”，舜好问，听起来好像很平常，但是做到好问特别难。我们经常强调，念书一定要勤学好问，似乎这是件很简单的事情，但是，真正来说，做到好问特别难。大家可以计算一下自己每天上了多少节课，又问了多少问题。可能有的人一个学期一个问题都没有问过。由此可见，好问不是一件容易的事。为什么看起来很简单的事，做起来这么困难呢？因为好问意味着你不知道，好问就是承认和暴露自己的不足。如果你不问的话，别人不知道你的知识水平，反而有可能蒙混过关。另外，好问还意味着对所问的问题有很多很深刻的思考，否则想问也不知道问什么。所以一般来说，人不太喜欢问。但是，好问又是人进步的一个基本方法，是我们必须做的事。因为每一个人的经验都是有限的，必须通过他人的经验来丰富我们，每一个人的经验对于我们来说都是一笔财富。每个人在不同领域，有着不同的经验，也就有不同的观念，最后也就丰富了我们自己。不能把他人不同的观点理解为是对自己的否定，而要理解为对自己观点的补充。所以，一定要好问，问得越多，收获越多。这是狭义的问。广义上讲，读书、旅游都是一种问。有了这样一种心态，人的心胸就不一样了，就能更容易接纳别人的不同。“察迩言”，“察”就是考察。“迩言”就是身边人的语言，也可以说是生活中的语言。“察迩言”就是考察生活中的语言。为什么生活中的语言特别重要呢？它是原生态的语言，也是最真实的语言，它是后来一切语言发展的源头。宋代哲学家陆九渊和朱熹争论为学之道，朱熹认为，为学一定要读经典，要原汁原味地读。陆九渊则表示反对，他认为重要的是先要有内心的感觉，先要确立自我。他认为尧舜禹那个时代，“四书”也好，“五经”也罢，都没有。那个时代的圣人没有经典可读，一样有圣人出现。陆九渊提出一个问题，经典到底是怎么来的？经典当然是圣人创造出来的，那么，圣人没有经典可读为何能创造经典呢？这里，大舜就给陆九渊提供了一个证据。大舜“好问”“察迩言”，读的是生活这本大书。所以，经典的源头是生活，无论读什么经典，都不能忘记生活。读经典也要以自己的生活为基础，人的生活体验不一样，对于经典的理解也不一样。当然，朱熹的观点也是很有价值的，经典毕竟是圣人的一种生活体验，通过他的生活体验，我们可以更好地体验生活。圣人是我们的一个榜样，圣人创造出经典，本身就有一种过人之处。朱陆的思想其实是一种互补关系，要经典，也要生活，书要读，生活也要体验。

“隐恶而扬善。”“隐恶扬善”现在是一个成语，这个成语从字面上看有点不太好理解。“扬善”好理解，人家有优点我们要到处宣扬、表扬。但人家有恶了却要隐去就有些想不通了，我们应该揭露、批判才是，怎么能“隐恶”呢？这不是姑息纵容吗？所以，这句话怎么理解就非常重要了。怎么理解“隐恶”呢？这里，我们要注意这一句话的语境，这句话的前面是“舜好问而好察迩言”，前面这句话表明，舜问人家，然后人家回答他。在这个回答里面，有的人说得很好，有的人说得不一定很好。说得很好的，舜就去表扬、宣扬，说得不太好，甚至有错的地方就要“隐恶”。这里有一个问题，我们该如何对待别人的恶。首先，对“恶”这个词一定要有一个分辨，社会领域的恶，是一种有危害性的恶，对这种恶必须批评。但是，这个地方讲的恶，只涉及了和舜对话的当事人个人，是私人性质的问题。对带有私人性质的一种所谓的恶，应当采取一种“隐”的态度，“隐”并不是说不批评，还是要批评，但不把批评对外公开。这种情况下，既表明不赞同他人的观点，同时又要把他人的错误局限在某一个范围之内，这就体现了舜的一种大爱，体现了舜的心胸和宽容。就如基督教一样，人犯了错误向上帝忏悔，上帝最大的特点就是不说，就是“隐恶”。因此，“隐恶扬善”里面有一种宗教情怀，有一种大爱。如果没有这种情怀，就会到处乱说，伤害别人也无益于自己。在这里，大舜就显示了上帝一般的胸怀。

“执其两端，用其民于中”，任何事情都有两端，比如大小、高低等，但这个两端不是指一个具体物的两端，而是我们做事情的两个极端的方法。那么，舜到底采取什么样的方式呢？“用其中于民”，治理国家的时候，一定不要按照两种极端方法中的任何一种去做，要把握住这两个极端的中点，力求达到双方之间的一个共识，用中庸之道去治国理政，这样就不会偏离太多。

“其斯以为舜乎！”这就是大舜啊！大舜是中庸之道的典范。尽管我们做不到舜那样，但是可以向他学习，通过学习不断靠近他，至于能不能达到他那种境界，倒是无关紧要。树立榜样的用意不在于让大家都成为榜样那样的人，而是让这个榜样作为一个自我反思的根据，不然你怎么去反思自己。

第七章

子曰："人皆曰予知，驱而纳诸罟擭陷阱之中，而莫之知辟也。人皆曰予知，择乎中庸而不能期月守也。"

"人皆曰予知"，每个人都说自己很聪明，自己说自己很聪明就有一点问题了，聪明不应该由自己来说，而应该由别人来说。自己说自己很聪明，意味着他已经自满、自以为是了，也就失去了进一步发展的空间。讲这种话的人都是一种小聪明，远远没有达到大智慧。所以，一个真正聪明的人绝对不会说自己很聪明，往往还会认为自己有很多不足，这就给自己留下一个发展空间。世界太大，一个人的聪明是很难把握住这样大的世界的，每个人的聪明智慧都是有限的，如果觉得自己很聪明，就等于主观上将自己的聪明扩大了。所以，古代的道家、儒家都对聪明有一个反思。孔子，在平常人看来是相当聪明、有智慧的一个人，当他的弟子夸他拥有大智慧时，他仍然予以否认，认为自己并不是什么都知道，只是因为自己年长，经验和见识比弟子多一点，但对世界的了解其实也是很有限。所以，一个真正有知识的人反而觉得自己无知，这不是谦虚，这是实情，这是对世界的真实体验。一个人知道的越少，反而觉得自己知道的很多。一个人如果从来没有离开过他的家乡，就会觉得天底下他的家乡是最好最大的，就像庄子讲的"井底之蛙"，因为它不知道这个世界有多么的大。所以，一个有智慧的人通常说自己无智慧。西方也是这样，苏格拉底，在常人眼里是一个非常有知识的人，但他总是处处表现得特别无知，遇到谁总会问一问“这是什么”。人不断提问是无知的一种体现，但同时也是克服无知的一种方式。

“驱而纳诸罟擭陷阱之中，而莫之知辟也”，“罟擭陷阱”都是用来捕猎的工具。一个人说自己很聪明，变成了别人的猎物，自己却不知道回避。他往陷阱里走，却不知道那是陷阱，普通人都看见了那是一个陷阱，而那个自称有智慧的人却没看见，这就让人觉得奇怪了。这有两个方面的原因：一是他真的没看见；二是他看见了，但不认为那是罟擭陷阱，所谓“当局者迷，旁观者清”。他不但不认为那是陷阱，还认为那是他应该去追求的东西，那就是名和利。所以，他就会放纵自己的欲望，他不明白欲望具有双重性，一方面是生存的保证，另一方面也可能是毁灭的陷阱，让人生的东西也是让人死的东西。但利令智昏，被利益所蒙蔽，他只看到了生的契机，没有看到死的风险。小聪明的人都是这样，只看到了事物的一面，看不到事物的另一面，只看到事物的表面，看不到事物的里面。所以，人首先不能够自以为聪明，其次听到别人夸赞聪明，也绝不能忘乎所以。

“人皆曰予知，择乎中庸而不能期月守也。”孔子又从另外的角度讲那些自以为聪明的人，其实并不聪明。中庸在孔子心目中是一个绝对的褒义词，是人最高的行动原则，是至高无上的德行，是我们必须牢记的一个思想。那么，那些自以为聪明的人，是怎样对待中庸的呢？“择乎中庸”，人在按照中庸做事之前，意识中首先要有一个选择中庸的决心。“择”只是一种态度，还不是真正实行中庸，是选择中庸作为今后努力的方向，这是相对容易做到的一个事情。可结果，那些自以为聪明的人，不到一个月，就把自己下的决心忘记。这样的人，怎么能说他很聪明呢？孔子在这里谈到聪明问题，对自以为很聪明的人，孔子从两个方面说明他的不聪明。一方面，自以为聪明的人不知道拒绝坏的事物：不知道回避陷阱；另一方面，自以为聪明的人不知道接受好的事物：不知道坚持中庸。人要知道什么是好的，什么是坏的，人应该拒绝坏的，追求好的，也就是说人要追求中庸。

第八章

子曰：“回之为人也，择乎中庸，得一善，则拳拳服膺而弗失之矣。”

这一章是对上一章的补充，上一章是讲具有小聪明的人，这一章讲的是一个真正聪明的人，这个人就是颜回。孔子特别欣赏其弟子颜回，因此颜回就几乎成为孔子所有正面思想的代表，虽然在《论语》中，我们并没有看到描述颜回聪明的文字，但我们相信颜回是一个真正聪明的人。一方面是出于对孔子眼力的信任，另一方面是因为颜回去世早，他身上有很多潜质未得到充分的展现，且编纂《论语》的人在孔子言语上有选择性，未能完全表现出颜回的聪明。但是，这一章的内容还是很符合《论语》中对颜回的记载的。

“择乎中庸”，注意“择”字，第一，表明颜回还没达到中庸，说明了中庸之难；第二，选择中庸作为追求的目标，表明了颜回的态度。“得一善，则拳拳服膺而弗失之矣。”“拳拳服膺”是一个成语，是紧紧地把某物贴在胸口的意思。这句话的意思是说，颜回发现了一个好的道理，紧紧地把它贴在胸口，牢牢地记在心上，不让它忘掉。“得一善”，得到的这个好道理，具体指的是中庸。需要明确的是，中庸不是在善恶之间，而是在善与善之间，处理的是善与善之间的关系。大脑里积累了很多的善，这些善之间会有冲突和矛盾，然后用中庸去处理它们之间的关系。比如仁义，仁是善，义也是善，但这两个字说的领域是不一样的。孔子讲仁，仁主要指熟人之间的爱、有血缘的爱。仁的前提是彼此认识，相互熟悉，因此，仁的缺陷是局限在熟人之间，对熟人仁，而对不熟的人则不仁。所以，孟子又补进来一个义，告诉我们如何对待不熟悉的人。“仁义”一词是相互补充的，其实类似于这样相互补充的思想在孔子的学说中很常见。比如“学而不思则罔，思而不学则殆”，“学”和“思”都是善的，但仍要处理好善与善之间的关系。只学习不思考，知识是乱的；只思考不学习，思考是空的。中庸就是先不断积累人身上的善，然后让善与善之间有一个好的关系，让善与善相互限制，达到中的效果。

第九章

子曰：“天下国家可均也，爵禄可辞也，白刃可蹈也，中庸不可能也。”

“天下国家可均也”，前面我们讲到中庸是至高无上的德行，要达到中庸是很难的，这里举了几个例子来说明中庸到底难在什么地方。“天下国家可均也”，古人讲的“天下”相当于我们今天的全中国，因为古人除了中国之外并不了解海外。“国家”指的是诸侯国。这句话是说天下国家都是可以治理好的。把天下国家治理好特别不容易，这涉及很多问题。首先，所有人都要有饭吃。在古代，吃饭是一个难解决的问题，那时候生产力比较落后，人基本上是靠天吃饭，而天灾又无法避免，所以，在古代百姓有饭吃就是天下国家治理好的一个最重要的标志。其次，“不患寡而患不均”，吃的问题解决了，但吃多吃少、吃好吃坏又是问题。人吃饱饭的目标达到以后，公平的目标就又出现了。公平不仅涉及人的生存问题，还涉及尊严问题，解决不好，社会一样会陷入混乱。以教育为例，孔子提出“有教无类”的思想，在当时这是很超前的；而在今天，这个问题虽然已经解决了，但不公平的教育资源配置问题又出现了。可见，想把国家治理好是很难的。虽然把国家治理好很难，但历史上还是实现过这个目标的，尧舜时代、“贞观之治”、“康乾盛世”，都把国家治理得不错。

“爵禄可辞也”，“爵”是爵位，“禄”是俸禄。爵位高、俸禄多，是社会地位的象征。一个人想要获得爵禄是很不容易的，因为爵禄在历史上都是世袭的，尤其是在战国之前，后来尽管世袭制被削弱了一些，但一直存在。甚至在二十世纪八十年代，中国城市的大部分就业还实行接班制，其实就是世袭制的一种变式，改革开放以后才慢慢废除。爵禄是一种地位、利益的体现，别人努力都争取不上，而有人不需要努力就已经拥有了，可见这是多么荣耀！但这样的爵禄是可以辞掉的，只要你决心辞掉，就可以辞掉。把已有的东西辞掉，固然不容易做到，但只要下决心还是可以做到，辞掉爵禄大不了过一种平凡甚至贫穷的生活。当然，能够辞掉爵俸，意味着你的心里有了一个新的支撑点，其价值比爵禄要高。那么，这个比爵禄还要高的价值是什么呢？按孟子的话讲，是“天爵”，是上天给你的爵位。“仁义忠信，乐善不倦，此天爵也”，“天爵”是指仁义，而爵禄是人给的爵位，“公卿大夫，此人爵也”，“天爵”高于“人爵”，人心里有一种更高的仁义，才敢于辞掉爵禄。尽管辞掉爵禄很难，但毕竟还是有人做到了，例如孔子和孟子。

“白刃可蹈也”，光着脚踩在刀刃上，想一想都很可怕，这是一件要命的事情。敢于踩刀刃说明这个人视死如归，敢于牺牲生命来捍卫理想。历史上有很多人为了理想而放弃生命。我们都知道，生命只有一次，没有了生命就没有了一切，人什么都能放弃，生命却难以放弃。庄子讲“心忘”的时候，先是忘世界，然后是忘万物，最后才是忘生死。明代大思想家王阳明，“龙场悟道”时，把一切东西都忘掉的时候，却忘不了生死，可见人最难的还是舍弃生命。可是，这么一个难舍难分的生命，毕竟还是有人敢于去放弃。

“中庸不可能也”，前面所举的三个例子，都是极端难以做到的事情，但是毕竟还是有人做得到。但是，中庸还是难以做到，也就是说，中庸比治理国家难，比辞掉爵禄难，甚至比你丢掉生命还要难。这样层层递进就把中庸的难度推到了一个极致！为什么把天下国家治理好，还不能称为中庸呢？中庸是对国家的一个理想化评价，如果用现实的国家和这个理想化的国家相比，那肯定还是有差距的。与中庸这个理想化的国家状态相比，任何现实的国家的状态都是不完美的。比如我们所说的，尧舜时代、“贞观之治”和“康乾盛世”等，当时社会上的问题也是很多的。比如，唐太宗的继位问题，他是通过“玄武门之变”后，被立为太子，并继承皇帝位，即使他把国家治理得很好，但这仍然是一个污点。康乾盛世时期，国家治理得很好，但是，仅一个文字狱就导致很多无辜的人死去。中庸意味着在所有的方面都做得很好，你在这一个方面出现了一个这么大的问题，怎么能称为中庸呢？你只不过是在某些方面做得还不错，但距离中庸还差得远。“爵禄可辞”，为什么还不能叫作中庸呢？这里涉及了一个问题——辞掉爵禄到底是为了什么？你怎么能证明辞是绝对正确的呢？也可能不辞更好。有些情况下，你还要委曲求全，不能因为一时的冲动，就辞掉爵禄。能够辞掉爵禄固然令人佩服，但是毕竟还缺少多方面的思考，因此达不到中庸的状态。过去有很多臣子，为了表明自己的忠心，要么死谏圣上，要么就辞官归乡，那臣子这样做就一定正确吗？另外，辞去已有的爵禄，只要有足够的决心就行，但要做到中庸，仅靠决心是远远不够的。它不仅涉及人的内在意志，还涉及外部条件，以及对时机的把握和判断。“白刃可蹈也”，生命都没有了，还不算中庸吗？那也不一定。死要有勇气，但是，与中庸相比，死却是容易的。你怎么知道你的死是有价值的呢？有可能你死得很无辜，死得很鲁莽，是不该死而死掉的。因此，不能因为你不怕死，就说你达到中庸了。

“中庸不可能也”，这不是一句随随便便说的话。经过讲解，你会发现达到中庸确实不是一件容易的事。不过“中庸不可能”也有一个好处，就是能以中庸为标准反思在生活中做得很好的事情，否则就很容易沾沾自喜。所以，“中庸不可能”不是一个消极的命题，不能因为“中庸不可能也”而放弃中庸。“中庸不可能”是一个积极的命题，是帮助我们不断反思、不断进取的动力。

第十章

子路问强。子曰：“南方之强与？北方之强与？抑而强与？宽柔以教，不报无道，南方之强也，君子居之。衽金革，死而不厌，北方之强也，而强者居之。故君子和而不流，强哉娇！中立而不倚，强哉娇！国有道，不变塞焉，强哉娇！国无道，至死不变，强哉娇！”

“*子路问强*”，孔子的学生子路性格比较刚强，做事比较鲁莽，性格上有一些缺点。一个人有什么样的性格特征，他就会问什么样的问题。一个非常刚强的人，他就会问刚强的问题。“强”首先是指身体的强壮，其次是指性格刚强，但这两种“强”都是一种先天禀赋。孔子作为一个老师，不会去表扬这种先天的能力，他表扬的是经过后天努力表现出来的技能或品质。所以，子路在孔子那里经常是一个批评的对象。

孔子当然明白子路的意图。孔子先对“强”进行分类，“*南方之强与？北方之强与？抑而强与？*”你说的是南方的强呢？还是北方的强？还是我们应该学习的那种强大呢？单是这几句话就可以让提问者措手不及，没想到“强”还有这么多种类，这在气势上就可以把子路镇住。另外，孔子对“强”的分类，也有利于展开他的思想。孔子分类的标准是什么呢？孔子以地域来分类，认为通常讲的强大有两种，一个是南方的强大，另一个是北方的强大。孔子这里说的南北方应该指的是中原以南、中原以北，和我们今天所讲的南北方有一些差别。孔子从地理学的角度来看人的差异，这是很有创意的。什么是南方之强呢？“宽容以教，不报无道，南方之强也”，南方强调柔弱，南方人认为柔弱是一种强大。为什么南方人会以柔弱为强呢？这可能和他们的体质有关系，南方人体型比较小，在体质上比不上北方人，以强对强比不过北方，所以，它只能强调以柔克刚。南方之强，所强调的不是大树，而是小草。树大招风，暴风吹断的全是大树，却吹不断小草。北方的强大就不一样了。“衽金革，死而不厌，北方之强也”，“金革”指的是铠甲和武器。北方人把武器当作枕头，把铠甲当作被子。这是怎样的一种强大！这是一种身体的强大，这是以身体的强大来对抗外界的强大，以强对强。“而强者居之”，意思是，你就是这样的强大，给子路定了一个基调。

真正的强大，能不能以地域来衡量呢？显然不能，所以，前面讲的“南方之强”和“北方之强”都是一个引子，是要引出后面自己要说的强大，引出自己关于强大的一个观念。那么孔子认为什么是强大呢？“故君子和而不流，强哉矫！”“强哉矫！”是说这才是强大啊！“和而不流”是强大，“和”指的是一种和谐，也有一团和气的意思，在一团和气里最难保持人的自我意识，很容易人云亦云。在和的生存环境里，人很快变成环境的一部分，最后会失去自己。“和而不流”，这里的“流”指的就是随大流，没有自我意识，像流水一样地失去自己。所以，“和而不流”就是在和的环境中不随大流，不人云亦云，自己有一个主见。人要做到这一点很难，和的那种环境，有一种力量，这种力量能够把你同化掉，并且让你在被同化的同时没有任何感觉。生活中经常是这样，你不知不觉地变得和别人一样。保持住自己的独立性很难，但更难的是，你要在保持独立性的同时保持住和，你不能够为了自己的独立性而破坏和，这样就不叫作“和而不流”了。“和而不流”，就是中庸，也就是说在一个集体当中，既要保持自我，还要保持不与环境决裂。“中立而不倚，强哉矫！”“中立”，指的是站在中间。“不倚”，指的是不偏向任何一方。立在中间，不偏向任何一方，这意味着公平公正，做事讲道理。按道理来做事就会公平公正，如果掺杂个人感情就做不到公平公正。所以，一个人要做到公平公正，就要把自己的感情全部排除掉，用纯粹的理性去对待事物。这很难，这是自己和自己在斗争，是要超越自己。超越别人很难，超越自己更难。一个人不被自己的感情所困扰，是一种强大，感情越多，越容易被感情所控制，就会越软弱。要使自己强大起来，就要把感情排除掉。所以，强大就是用自己的理性去战胜自己的情感，公平公正地去做事。“国有道，不变塞焉。国无道，至死不变，强哉矫！”“国有道”代表一种顺境，“国无道”是一种逆境。人在顺境里容易自大，在逆境里容易自卑。无论是自大还是自卑，人都是在改变自己。所以，在国家处于顺境或处于逆境的时候，都能够不改变自己这才是真强大。

现在经常讲强大，但只有中庸式的强大，才是真强大。因此，一个国家、一个民族、一个人如果想要强大的话，就必须保持中庸。中庸式的强大就是，强大但不让人感到害怕。如果你的强大让人感到害怕，会造就一批敌人，而这些敌人会因为害怕而反抗你，要削弱你的这种强大，这就会演变成强强对抗，或者以强凌弱。而一个真正强大的人，会让所有人不害怕，不但不害怕，反而感到安慰。你的这种强大，不但没有树立很多的敌人，反而吸引很多人紧紧靠在你旁边，因为你的强大不是对他人的伤害，而是对他人的一种保护。如果你强大到这样一种地步，那就是真强大了。因此强大不是你自己想要强大，而是别人希望你强大。如果说你强大了，别人都害怕你，希望你能够弱小，这个时候，你的强大就违背了中庸，就有问题了。中庸式的强大，遇到强者，敢于反抗；遇到弱者，敢于保护。这才是大家都希望的强大，这代表了一种公理、一种正义！

第十一章

子曰："素隐行怪，后世有述焉，吾弗为之矣。君子遵道而行，半涂而废，吾弗能已矣。君子依乎中庸，遁世不见知而不悔，唯圣者能之。"

首先我们来看，"索隐行怪"这句话是什么意思？此处"素"是一个误写的字，"素"应该是"索"字。"索"是追求的意思，"隐"是指隐藏在事物背后的秘密。"索隐"就是指去探索追寻事物背后所隐藏着的秘密。这两个字后来成了研究《红楼梦》的一个学派，叫索隐派红学。当时这个学派名气还很大，影响很深远，以至于当代红学研究家刘心武在讲《红楼梦》的时候，仍然是索隐派的一个做法，就是去探索《红楼梦》人物背后隐藏着一个什么样的秘密，尤其是讲秦可卿的身世。"索隐"就是探索事物背后的秘密，这个秘密和我们所讲的事物背后的真理还不一样。探索事物背后的真理，这是一件很神圣的事情，但是"索隐"带有猎奇的性质，往往具有负面含义。但是，又很难区分这两者，到底你是探索事物背后的真理，还是猎奇。因为猎奇本身也是探索事物真理的一种方式，人不好奇，又怎么可能去探索真理呢？这两者混在一起很难区分，就和我们经常讲的科学和迷信难以区分是一样的。"行怪"就是行为怪诞，不符合常理。"行怪"有两层含义，一种是纯粹的行为古怪，另一种是背后蕴含着某种含义，行怪只是一个表面现象，它表明一种姿态，一种价值观，一种对世俗的抗议。比如，魏晋时期的"竹林七贤"，他们是有意识的行为怪诞，他们通过行为怪诞来表达一种思想。这两种怪诞行为也很容易混在一起，不容易区分。

那么，“索隐行怪”会产生什么样的结果呢？“后世有述焉”，后人对“索隐行怪”特别感兴趣，并把它们记录下来，流传下去。日常生活是很平淡的，日复一日地重复着。人们需要“索隐行怪”来提升精神注意力，越是平常的东西越容易被忽略，越是古怪的东西越能够被人注意。中国最早的小说就叫志怪小说，专门记载人间奇奇怪怪的事情，“行怪”最容易被人关注，因此后世有述。如果你一辈子过得平平淡淡，后人就记不住你。但如果你“索隐行怪”了，那就不一样了，就会容易被后人记住。正因为如此，很多人就喜欢去“索隐行怪”。那么，孔子对这个问题是什么态度呢？

“吾弗为之矣”，这样的事情我是不愿做的。在《论语》中，孔子就讲过“不语怪力乱神”，在这里又说“吾弗为之矣”，这应该是孔子的一贯的思想。现在就有一个问题，“索隐行怪”以及孔子所讲的“怪力乱神”在这个世界上是否存在？或者讲它们的存在有没有合理性。我觉得应该是有些道理的。因为这个世界不是透明的，很多部分是隐藏在黑暗中的，这就意味着这个世界背后还有好多不为我们所知的东西。而且，我们所知的与我们所不知的东西相比，所知的东西不过是冰山一角。所以从道理上来讲，即使我们自己不去“索隐行怪”，但应该允许有人去“索隐行怪”。既然这样，那孔子的态度，我们又该怎样去理解呢？是不是意味着孔子就是反对“索隐行怪”呢？如果是反对的话，是不是意味着孔子的思想有些保守呢？“吾弗为之矣”，是说我不这样做，我不做和我不让别人去做，这两句话是不一样的。我不做，是要表明我的一个态度，但不一定意味着我反对别人做。就像我不喝酒，但我并不反对别人喝酒。所以，我不做并不意味着我不让你去做，这样就给别人去做留下了一个空间。这样的解释，也很有利于孔子的思想，表明孔子的思想不是封闭而是开放的。如果哪一天，那些“索隐行怪”被证明是有意义的，那么，不妨也吸收进自己的思想里面，否则就会有人以孔子这一句“吾弗为之矣”，来否认这个世界上存在那些看起来有点古怪的事情。因为一般的探索活动都带有“索隐行怪”的性质。在今天，坐飞机是很平常的一件事，但是最早有人提出想坐飞机在天上飞的时候，肯定是一件古怪的事情。

那么，孔子为什么不“索隐行怪”呢？可能有两个原因。第一，突出学派的特点。学术上有各种各样的学派，有的学派研究这方面的内容，有的学派研究另一个方面的内容，哪个学派都有研究的侧重点。所以，儒家要确立自己的思想，肯定要把与自己思想相反的观点搁置起来。关于生死问题，孔子说“未知生，焉知死”，就是把“死”搁置起来，因为深入研究“死”会背离这个学派。如果儒家也“索隐行怪”，那最后就会变成一个“索隐行怪”的人了，就会忘记自己的学术初衷。你原本只是要了解一下的，但是“一入侯门深似海”，进去了，你就出不来了。所以，要保持思想特色，就必须学会放弃。比如研究儒家思想的人，要去了解佛家，到最后有可能就进入到佛家去了。研究佛家思想的人也是这样，他去研究儒家，发现儒学也有些道理，最后也陷进去了。所以，明智的态度，就是搁置，不说你对，也不说你错。第二，孔子倡导理性的思想，这和当时的文化背景有关。殷商人特别相信鬼神，形成一种特殊的文化氛围，这种文化氛围就是“索隐行怪”。孔子要建立一种新的思想，就要打破“索隐行怪”一统天下的局面，以一种理性的思想去对抗“索隐行怪”的文化氛围。孔子的思想主张，有特定的文化背景。所以，要理解一种思想，就要去了解那个时代的普遍思想，这样才能给思想进行定位，离开这样一个背景的话，就很难衡量思想的价值。当然，在理性的原则被普遍建立起来之后，“索隐行怪”也不失为一种有价值的思想。这个观点特别重要，比如，现在有很多人盲目排外，觉得西方理性的思想过时了，理由是西方人自己都在反思理性，反思启蒙的思想。人家都反思了，我们还不反思吗？人家反思，是在理性已经普遍建立起来以后，反思理性的局限性，这是对的。而我们呢？理性的建立还远远没有完成，还刚刚开始，你就开始反对，这不是错误的吗？还有，现在人经常讲要弘扬传统文化，这是对的。于是就开始延伸，延伸到五四时期，说五四时期把儒家的传统中断掉了，因此要对五四时期的“新文化运动”进行反思。这个想法就有问题了。五四时期的先贤们当年质疑批判传统文化是很有道理的，那时举国上下都在讲传统的时候，不引进一些西方的思想进来，怎么能够打破这种思想僵化的局面？

接下来我们来看，“君子遵道而行，半涂而废，吾弗能已矣。”前面是讲不愿意做的事不做，这句话是讲应该做的。君子应该怎么做呢？应该“遵道而行”。这是我们应该有的一个信念，是应该具备的一种意识。但是，有了这个信念这个意识，并不意味着就能够一路走下去，还会出现半途而废的情况。意识到某个道理是对的，这很容易，难的是按这个道理去做，去坚持这个道理。半途而废的情况，非常之多，真正坚持下去的人很少。“吾弗能已矣”，我从来没有停止过，不要认为不停止是很容易的事情，不停止其实很难。我们常常把它理解得很容易，总是说人家就是坚持了下来，你呢，没有坚持。这个坚持意味着每天都要去做，说别人的时候很简单，到自己做的时候，就知道有多难。但孔子不一样，他能做到不停止，不是孔子不停止，而是想停停不下来。

“君子依乎中庸，遁世不见知而不悔，唯圣者能之。”这句话不是很好理解。君子按照中庸之道而行，隐居在世不被人知道也不后悔，只有圣人才能做到。这里就把君子和圣人区分为两个不同的层次，哪一个层次更高呢？理所当然是圣人。但如果从这句话的意思上来看，你会发现君子高于圣人。因为“君子依乎中庸”，按照中庸的思想去做事。那么，中庸在哪里能够实现呢？只有在人间社会才能实现中庸啊，圣人跑到深山老林，怎么能实现中庸呢？一个人都没有，和谁去中庸？干什么事情都可以随心所欲啊！这时候谈不上中庸，也谈不上不中庸。像自由一样，一个人在深山老林里无所谓自由不自由，自由只在人群当中。圣人隐居而不悔，给人一种感觉，圣人的隐居生活是更为高级的，但孔子又说中庸是至德，那中庸肯定是更高的。这就出现了一个问题，地位低的君子在做一件伟大的事情，而圣人在做一件相对说来不那么伟大的事情。尽管这样做也很难，但是，相对于一个圣人来说，境界还是相对较低的。这个地方确实很奇怪，但是查了很多本书，却没有一本书对这个地方有所怀疑。或许有人发现了这个问题，但采取一个回避的态度。按照儒家来讲，“依乎中庸”是至德，而“遁世不见知而不悔”大概是一个贤者就能做到的事情。并且，传统儒家思想一直提倡入世高于出世，而这里似乎在中庸之外还设置了一个出世的课题，那就意味着出世比入世更高级，这显然不符合儒家思想。“依乎中庸”是入世，“遁世不见知而不悔”是出世，所以这个地方是有点问题的。

第十二章

君子之道费而隐。夫妇之愚，可以与知焉，及其至也，虽圣人亦有所不知焉；夫妇之不肖，可以能行焉，及其至也，虽圣人亦有所不能焉。天地之大也，人犹有所憾。故君子语大，天下莫能载焉；语小，天下莫能破焉。《诗》云：“鸢飞戾天，鱼跃于渊。”言其上下察也。君子之道，造端乎夫妇；及其至也，察乎天地。

“*君子之道费而隐*”，这个“道”，还是中庸之道，“费”是广大无边的意思。君子之道为什么广大无边呢？因为不广大无边，就是有限的道，哪怕是一个微小的地方，道没有到达的话，那就表明这个道是有限之道。因为这个“费”字，我们才能够体会到道的大，大到什么地步呢？没有一个地方没有这个大道。如果道不是广大无边，并且我们又以道作为价值标准衡量万物，那就会出现一个问题，有道的事物就是有价值的，没有道的事物就是无价值的。那么，一个事物有道还是无道，是怎么判断的呢？事物不能自己说自己有道，必然是人去判断事物有没有道。那在人里面，谁去判断最有说服力呢？大家可能会认为是圣人，或者是智者。但实际上，无论是圣人还是智者，在现实生活中的影响力远远比不上统治者。最终，认定一个事物有没有道，通常是统治者说了算。那么，统治者就会借助这一点去排除异己，这就会出现灾难性的后果。所以，圣人在谈道的时候，都会说道广大无边，无处不在。这就等于肯定了所有的事物都有它自身的价值，这样就保证了所有事物生存的权利。《庄子》里面有一段对话特别有名。东郭子问庄子，道在哪里？庄子回答说"'道'无所不在"，连屎尿里面都有道，他这是在肯定万物存在的价值。佛教讲佛性的时候，也面临着这样一个问题，你不能说有些事物有佛性，有些事物没有佛性。佛教后来提出来一个观点叫"无情有性"，没有情的东西，也有佛性。

再看这个"隐"字，"隐"就是隐蔽，看不见摸不着的，在我们的感官范围之外。中庸之道是看不见摸不着的，它不是具体的某一个东西。它隐藏在万物的里面，让我们琢磨不透。那么，这么好的一个东西，把它说得那么神神秘秘的干什么呢？把它说得清清楚楚，那多好啊！如果道是一个具体东西的话，就可以一劳永逸地去拥有这个道。怎么去拥有呢？肯定是用权力和金钱去拥有它，这样，那些有权有势的人就拥有道。现在，权力有了，金钱也有了，最后，道也有了，那么我们普通人呢？一无所有。问题在于，没有钱你可以去挣，没有权力你可以去努力，没有道你怎么办？如果人家宣称你没有道的话，那你就是道的对立面了，就变成了无道之人了。所以，道"隐"就很好地防止了某些人借机垄断这个道，也就意味着每个人都有权利、有机会去解释道，这样人与人之间就平等了。否则的话，就会是领导永远在批评你，你永远都不能批评领导。现在不一样了，你可以去批评任何一个人，这就是道"隐"的好处。这个道就类似于最高真理，最高真理必须是"隐"的，是大家看不见的。我们所说出来的真理，都不是最高的真理，只是相对的真理而已。这样一来，任何一个人都可以去批评别人，任何一个人都应该接受别人的批评。道"隐"的另一个好处，就是你要终生不断地去求道，不要指望一劳永逸地拥有道，然后就再不努力了。道"隐"意味着，你追求道，道就可能来到你的身边；你不去追求，道就会远离你，这就是道的"隐"。如果道是一个实物，你拥有道，做什么都是对的；没有拥有道，怎么做都是错的。道"隐"还有一个好处，就是我们可以分享道，大家可以一起去分享这个道。如果道是实物，能不能分享呢？严格说来，实物分享是不可能的，所谓的实物分享也不过是少数的几个人来分享。实的东西是有限的，几个人分享还可以，多了就不行了。但是，虚的东西就不一样了，可以让所有人共享。比如，美学上的“美”字，就带有虚的性质，美不是对象性的东西，而是一种感觉。当你看到一个美的东西就不会吝啬，你会慷慨地推荐给别人。所以，不能把中庸之道看作物质性的东西，一定要看作是“隐”。“隐”在思维水平上是很高的，在儒家的著作里面，最具有哲学意味的就是《中庸》，在其他的书里面，这个都比较弱一点，所以你会发现《中庸》特别受到宋明理学家的喜欢。为什么？因为他们需要一个超越性的东西，《中庸》给他们提供了。

“夫妇之愚，可以与知焉”，“夫妇”是男女的意思，“夫妇之愚”就是普通的男女，也就指普通人。也就是说，极普通的人也能够知“道”。后面，“及其至也，虽圣人亦有所不知焉”，达到最高的道，即便是圣人，也有所不知。这句话表述得很好，这正是“君子之道费而隐”的结果。如果君子之道不是广阔无边，这样的普通男女怎么能知“道”呢？道无所不在，他们身上也有，所以他们能知“道”。因为道隐而不见，无影无踪，即使是圣人也不能说已经完全掌握了道，他也有不知道的地方。圣人和大道相比，大道在圣人之上。这就是说，在圣人的上面还有一个绝对的真理，这就类似于西方人讲的“我爱我师，我更爱真理”，真理在老师之上。老师只是讲出一点点真理而已，不要认为老师讲的都是对的，老师讲的有可能是错的。圣人是百代之师，他也不能够穷尽真理，这就意味着圣人也有不足，因为圣人也有不足，那批评一下圣人也是可以的。圣人有所不知，还意味着在圣人不知的地方，可以有一个自我。

“夫妇之不肖，可以能行焉”，这句话和上一句话很相似，差别就是一个讲“知”，一个讲“行”，这两个词后来合到一起对中国哲学影响深远。朱熹讲先知后行，王阳明讲知行合一，孙中山讲知难行易。中庸是日常生活中的常理，人人都会遇得到，人人都可以做得到。普通的男女，是生活的主角，自然能行中庸。“及其至也，虽圣人，亦有所不能焉”，但是完全把道实现出来，连圣人都做不到。普通人水平很低，但是也能够行道。圣人水平很高，但是也有不能行的道。这个表述本身就很符合中庸。行道的特点与“君子之道费而隐”有关，如果君子之道不费，普通人就会与道无缘；如果君子之道不隐，圣人就可能完全拥有道。

“天下之大也，人犹有所憾。”天地已经够大的了，经常说天大地大，这么大的一个东西，应该没有遗憾。但是人在天地之间，还是感觉到天地有不足。天地还有什么不足呢？冬天特别冷，夏天特别热，有的地方旱，有的地方涝，这些都是天地的不足。那么问题就出现了，天地都有不足了，那么有没有什么东西是自足圆满的呢？有的。

“故君子语大，天下莫能载焉；语小，天下莫能破焉。”这个地方少一个“道”字，“君子语大”，应该是“君子语道大”。“道大”，道大到什么地步呢？“天下莫能载焉”，也就是说道比天下还要大。“语小，天下莫能破焉”，要说道小，它小到什么样子呢？小到再强大的东西都不能把它分开。细微到这个地步，细微到分子、原子，分都分不开。可见，道至大至微，具有绝对超越性，不仅超越了圣人，还超越了天地。

“《诗》云：‘鸢飞戾天，鱼跃于渊。’言其上下察也。”受《中庸》的影响，宋明理学家们特别爱引用《诗经》里的这句话，几乎变成了一个口头禅了。理学家们引用这句话是要表达天地之间有无限的生机。鸢鸟在天上飞，鱼在水里游，动物们各自在展示生命的活力。什么叫作“上下察”也？就是你在上面可以看到道，你在下面也可以看到道。“鸢飞戾天”表现道，“鱼跃于渊”也表现道，表明道无处不在，天上地下都有道。宋明理学讲生机无所不在，意思都是一样的，道就是充满生机的。

“君子之道，造端乎夫妇；及其至也，察乎天地。”君子之道，从普通夫妇开始，也就是从日常生活开始，最后延伸到天地之间。君子之道贯穿于人间社会，贯穿于自然大地。早期儒家讲道的时候，只说道存在于社会之中，那么作为社会背景的天地，有没有道呢？他们没有说。道家讲天地，儒家讲社会，分工明确。而在《中庸》里面，这两种思想被打通了，中庸之道贯穿到天地之间。这样，天地就合一了。

第十三章

子曰："道不远人。人之为道而远人，不可以为道。《诗》云：'伐柯伐柯，其则不远。'执柯以伐柯，睨而视之，犹以为远。故君子以人治人，改而止。忠恕违道不远，施诸己而不愿，亦勿施于人。君子之道四，丘未能一焉：所求乎子，以事父，未能也；所求乎臣，以事君，未能也；所求乎弟，以事兄，未能也；所求乎朋友，先施之，未能也。庸德之行，庸言之谨，有所不足，不敢不勉，有余不敢尽。言顾行，行顾言，君子胡不慥慥尔！"

"子曰："道不远人。人之为道而远人，不可以为道。"中庸之道，从普通人开始，又延伸到天地。道能延伸到天地，那天地万物都应该包含道。那么，人们就会有一个想法，既然万物都有道，我们就可以脱离人去求道，可不可以呢？道家就是这么想，也是这么做的。但儒家表示反对，孔子认为，尽管道无所不在，但道归根到底是与人相关的，从人的角度切入道是为道的最好方式。这里涉及人与自然万物的一个差异。自然万物里面有道，也是始终按照道去运行的，自然万物的任何变化其实都是道的一种体现，所以万物不可能背离道。既然万物不背离道，也就不存在回到道，因为万物始终就在道之中，而且永远都不会背离道。但人能够远离道，这是人的一个特点，至少人有这样一种可能性。人有自由意志，人可以不断地去自由选择，不同的选择产生出绝对不同的结果，选择不同，结果就不同。大家选择来这里学习，你这样的一个选择，可以这么讲，改变了你的一生。问题是，自由选择具有两重性，既有可能背离道，也有可能回到道。如果你脱离人群，去找一个道，一个人住在山里面，不打算再回来了，在山里面求道去了，儒家就会说，这不是背离道吗？这不是荒诞吗？但道家这样做，佛家也这样做，而儒家是反对这样做的。因为你在那个地方，就算修道成功了，修成正果了，你能干什么呢？按照儒家来讲，你修道是干什么呢？是为了在人间更好地生活。如果你一个人跑出去了，就不叫修道了，这就与道无关了。“人之为道而远人，不可以为道”，你想脱离人去追求道，是不可能的。这就把儒家思想与佛道思想区别开来了。当然那个时候，佛家思想还没有出现，但是，隐士很早就有了。孔子的这个观点是针对隐士们的，只顾自身的修行，不去改变这个世界。说到底，道和人是密不可分的。

“《诗》云：‘伐柯伐柯，其则不远。’执柯以伐柯，睨而视之。犹以为远。”“伐柯”，也就是砍树，用来做斧子的木柄。“其则不远”，砍树木做斧柄的原则其实并不远，就在我们身边，就在我们拿的这个斧子上。砍什么样的树木，看看手上的斧子柄就可以了，你的斧子柄有这么粗，你砍一棵比它细的树能行吗？砍一棵更粗的树，不是浪费吗？你砍比你所用的斧子的柄略粗一点的树不是正好吗？原则在哪里？就在我们手里拿的斧子上面。但是，很多人不是这样，他去寻找各种各样的树木，在树上找原则。这就是骑驴找驴啊，其实驴就在我们的身下。这个例子告诉我们，道就在我们身边，道就在我们的生活当中，并不在生活之外的某一个地方，我们不能离开生活而去追求那个道。搞文学创作的人都知道，创作要到生活当中去。搞文学创作，你不到生活当中去，怎么能行呢？但是好多人把生活理解成别人的生活，而不是自己的生活。所以好多人到农村去、到工厂去、到部队去，去体验生活，结果把自己的生活忘掉了，这是一个很严重的问题。他们离开了生活，去寻找生活，那找到的生活就不是他自己的生活了，结果没能写出好作品。就好像你离开生活，去找那个道，最后找到的就不是那个道。

“故君子以人治人”，君子要以人的方式去要求人。也就是实事求是，不要以一个高标准去要求别人，要以普通人的方式去要求别人。很多家长望子成龙，望女成凤，这个龙和凤不就是高于人的标准吗？龙和凤是人虚构出来的东西，你能达得到吗？达不到呀，达不到就痛苦，所以，要以人的方式去要求别人。“改而止”，就是重新回到正常的人的状态，回到一个平常心，回到中庸之道，这句话讲得很好。但“中庸之道费而隐”，中庸之道具体是什么呢？“忠恕违道不远”，忠恕离中庸之道不远。忠恕还不是中庸之道，但离中庸之道不是很遥远了。“忠”是什么？“忠”是指尽自己的良心，按照自己的良心去做。替人做事，就是在承担一种责任，履行一种义务。忠是一个特别好的品质，当然它的前提是平等，否则忠就会变成愚忠。“恕”是什么意思呢？“施诸己而不愿，亦勿施于人。”这句话和《论语》上讲的“己欲立而立人，己欲达而达人”“己所不欲，勿施于人”意思完全一样。“恕”，要求推己及人。对待别人要像对待自己一样，自己不愿意做的，也不强求别人做，至于别人要不要做，那是别人的事情，但是不能强迫别人做。这是一个原则，是平等的原则，坚持这个原则，就能把复杂的事情简单化，让这个世界从有事变为无事。

“君子之道四，丘未能一焉：所求乎子，以事父，未能也；所求乎臣，以事君，未能也；所求乎弟，以事兄，未能也；所求乎朋友，先施之，未能也”。君子之道有四个方面，孔子说我一样都没有做好。好多人认为，孔子这是谦虚，这里面可能有一些谦虚的成分，但是，整体来讲应该是符合实际的。为什么？因为我们前面讲了，道的最高境界，圣人也是有所不知的、有所不行的，道高于圣人，在孔子这里也不例外。有些人把孔子当作圣人，说孔子一个“不”字都不行，这就有问题了，这不符合孔子本人的思想。

“庸德之行，庸言之谨”，“庸德”，就是最普通的德，普通的德不为人所重视，但生活中普通的德居多，大德反而罕见，所以一定要去实行普通的德。“庸言”，就是最平常的话，平常的话最容易随便一说，也最容易出问题，所以平常说话的时候，一定要谨慎。这两句话是对人的行和言的要求，要约束人的行和言。“有所不足，不敢不勉”，这句话是对“庸德之行”的一个解释，越是普通的德越是难以实行。因为难以实行，乃至不行，行有所不足，所以不敢不勉，要督促自己去做，以达到中庸的效果。“有余不敢尽”，是解释“庸言之谨”，言跟行正好相反，话容易越说越大，所以说话要留有余地，不能把话说尽。“言顾行，行顾言”，说话的时候一定要顾及未来的行为，有所行动时要想着以前说过的话，力求达到言行一致。“君子胡不慥慥尔！”行顾及言，言顾及行，这不就是言行一致了吗？既然言行一致了，这不就是忠诚老实的君子了吗？

第十四章

君子素其位而行，不愿乎其外。素富贵，行乎富贵；素贫贱，行乎贫贱；素夷狄，行乎夷狄；素患难，行乎患难，君子无入而不自得焉。在上位不陵下，在下位不援上，正己而不求于人则无怨。上不怨天，下不尤人。故君子居易以俟命，小人行险以侥幸。子曰："射有似乎君子，失诸正鹄，反求诸身。"

"*君子素其位而行*"，这句话讲得特别好。"君子素其位"，什么叫作"素其位"？"素其位"就是我们现在已经所处的一个位置、一个环境，包括你出生在一个什么样的家庭，出生在一个什么样的地点，也就是你来到这个世界上必须接受的现实状况。这是不以人的意志为转移的，我们都是被带入到这种环境当中，然后在这样的环境中去做自己应该做的事情，这就叫作"素其位"。"素其位"要理解得宽泛一点，就是指我们身处其中的整体环境。这个环境会对你的行为构成制约，你只能本着这个特殊的环境去做事。出生在一个什么样的家庭，这是你必须接受的一个现实。这是没有原因的。因为如果有原因的话，我们就会去责怪这种原因，把我们的命运归咎于这种原因。但是，我们可以去接受这样一个现实，却不会甘于处在这样一个现实中，我们会去改变。怎么去改变呢？"*不愿乎其外*"，不要羡慕本分以外的东西。这句话容易被误解，以为是要我们永远接受这个现实，永远待在现在的地方不能动，而是说可以去改变这样一个现实，但改变方式不是任意的，要在现有的条件下去改变现实。本着这个现实条件去改变现实，循序渐进地改变现实，这就是“不愿乎其外”。如果你以突发性的、非自然性的方式去改变现实，这就是“愿乎其外”。

“素富贵，行乎富贵”，这里提到了几种具有代表性的人生处境，然后说明我们如何去摆脱这几种处境的制约。“素富贵，行乎富贵”，如果你现在处在富贵当中，那你就要以富贵为条件做该做的事。那到底怎样“行乎富贵”呢？它在这里没有讲，但我们可以根据中庸的原则去推测。一般来讲，在富贵当中肯定想要追求更多的富贵，但从中庸的角度来看，想要越来越富贵这样一种想法可能就有些问题了。这个想法就是要使富贵发展到一个极端的状态，越来越拉大与他人之间的距离，这就有可能给自己的行为带来不利，物极必反嘛！所以，在富贵时，人应该做的一件事情，就是要缩小这样一个差距。也就是说要帮助那些没有富贵的人，让他们也富贵起来，这就符合中庸的原则。所以，那些特别富有的人都应该帮助他人，搞慈善什么的，这就是“素富贵，行乎富贵”。

“素贫贱，行乎贫贱”，富贵是“过”人，贫贱是“不及”人，“过”和“不及”这两种状况都不符合中庸。人在贫贱中本能的做法，就是要摆脱贫贱的状态。但是，也需要遵循一个中庸之道的原则，也就是说，要在贫贱的条件下做你应该做的事。那么，一个人在贫贱的状态下，应该做的事情是什么呢？一般人都会希望找到一种方法快速脱贫，于是不择手段，最终让自己走上一条不归路。按照中庸的原则，我们应该从容淡定地去摆脱这种状态，循序渐进地去改变自己的现状，这就叫作“行乎贫贱”，你的条件很差，那你就在这种差的条件下去努力就可以了，而不是希望在短时间内暴富。所以，“素贫贱”，要“行乎贫贱”。在贫贱中要保持一种定力，在从容不迫中摆脱贫贱的状态。《孟子》里面讲到大舜，他早年生活特别艰苦，吃野菜，喝白水，一般人早就忍受不了这种生活，但大舜给人一种感觉，他仿佛要把这种生活永远过下去。最后的结果，大家都知道了，大舜做了天子。

“素夷狄，行乎夷狄”，“夷狄”就是边疆落后的地区。如果你出生在一个环境特别落后的地方，应该怎么办呢？“行乎夷狄”，你要接受这种落后的环境和条件，去做你应该做的事情。在一个落后的环境当中，我们通常的做法是不断地批评环境，与环境发生冲突，把环境变成你的敌人，最终也使自己变成环境的敌人。当发现自己无力对抗环境时，就会自暴自弃，沉沦于环境之中。那么，按照中庸之道，应该怎么办呢？那就是，你先要认同这样一种环境，要顺从着环境，和环境有一个协调和沟通，然后再一点一滴去改变环境。你不能想着去做一件惊天动地的事情，一劳永逸地改变这个世界，你要尽自己的能力，一点一点地去做。最后，这个落后的局面才真的会被改变。

“素患难，行乎患难”，这个“患难”指的是一种由好变坏的环境，本来好好的，由于意外使人处在一种困境当中。我们经常遇到这种情况，本来很好的状况，后来由于一种外在的因素使得自己突然陷入到困境当中，那应该怎么做呢？一般人在面对患难的时候会有一种绝望感，产生一种悲观的情绪，以至于看不到未来。而一个正确的中庸之道的态度是，把患难看作对自己意志的磨炼和考验。就像《孟子》里所讲的那样，“天将降大任于是人也，必先苦其心志，劳其筋骨，饿其体肤，空乏其身，行拂乱其所为，所以动心忍性，曾益其所不能。”你用困境来练就的意志心态，去对抗患难，那么，这种患难就不再是一种患难了，它就变成一种自我考验的方式，就把悲观的情绪转化为乐观积极的情绪。比如，王阳明被流放到贵州的龙场时，他就在想一个问题——圣人如果处在这种环境中会怎么做？我们和圣人的差别就在于，我们把患难真的当作患难，而圣人把这个患难当作是对自己的考验。人在患难中，不是追求马上摆脱患难，患难是外在的东西，不以你的意志为转移，不是你想摆脱就能够马上摆脱的，这个时候与其想着尽快摆脱患难，还不如去改变对这个患难的认识，这就是“素患难，行乎患难”。

“君子无入而不自得焉”，上面列举了人生可能遇到的这四种状况，在这四种状况当中，作为一个君子应该如何去对待？“君子无入而不自得焉”，君子无论进入到哪一种生存环境中，他都能够保持一种自得。这个“自得”的意思，就是把握住自我，也就是指，无论在什么样的生存环境中，都能够保持住自我。怎样保持住自我呢？首先就是要接受这个现实，然后再去寻求改变，这个时候人就会以平和的心态去对待这种现实，否则就会与你所生存的环境产生激烈的冲突。不接受环境就去寻求改变环境之法，那么心态就容易走极端。而接受环境以后，再去寻求改变环境之法，心态就会显得很平和，这是不一样的，所以，“君子无入而不自得”，这个“自得”以接受的心态为前提，接受现实，这是一种智慧。

“在上位不陵下，在下位不援上”，这两句是讲君子自得的表现，也可以说是中庸之道的表现，还可以说是中庸之道对人的要求。这里“上位”是指地位高的人，“下位”是指地位低的人。地位高的人具有不言而喻的优势，他本能地要扩张自己的优势，扩张优势就是扩张权力，权力总是向下的，在下位的那些没有权力的人就是直接受害者。那么，在下位的人应该怎么办，只有两个办法，一是反抗权力，一是巴结权力，反抗权力的下场都很惨，巴结权力的下场也好不到哪里去。但是按照中道的原则，在上位你不能通过欺压下位让自己变得更好，你不但不能欺压下位，还要帮助下位，这样才是对的。在下位的也是这样，按照中道的原则，你只要努力做好该做的事就行。通过“援上”得到的东西是不牢靠的，只有自己争取来的东西，才是真正属于自己的，别人给你的东西随时可以收回，所以，你通过“援上”这种方式得到的东西，随时又会以这种方式失去。必须注意的是，这里“在上位不陵下，在下位不援上”所表现出来的中庸，与前面各种“素其位而行”所表现出来的中庸是很不一样的，“素其位而行”仅限于德行的领域，纯粹是个人的私事。这里“上位”与“下位”的关系，固然也与德行相关，但又超出了德行的领域，进入到社会权力领域，在权力的领域中实现中庸，除了个人的德行，还需要制度的保证。

“正己而不求于人则无怨。上不怨天，下不尤人”。“正己”就是要端正自己的态度，对自己要有一个正确的看法，不要老是去苛求别人。“则无怨”，这样你就会无怨。人一旦有怨了，情绪就容易失去控制，陷入负面的情绪当中。因为，“正己”你能够做得到，而苛求于别人，别人未必按照你的苛求去行事。因此事情没做好，要多反思自己，少抱怨别人。“故君子居易以俟命，小人行险以侥幸”，“居易”指在一种非常安全的状态下。什么是安全状态呢？就是一步一步往前走，不行险不冒进。这种做法能否保证自己一定会成功呢？这个你也不要抱太大希望，你做就可以了，至于能否成功，那还看“命”。“俟命”就是这个意思，“命”是一种神秘的因素。君子一步一步按照常态去做事，但是这样进步的速度比较慢，一般人甚至没有把它当成一个进步，总觉得是在原地踏步，于是，想通过各种方式快速改变现状。“小人行险以侥幸”，“小人”特别急躁，老想着去冒险赌一把，希望一夜暴富，有没有可能赌赢呢？有可能，但是更可能从此掉入深渊之中，因为这不符合中道。成功需要努力，侥幸也有可能成功，但不经过努力而得到的所谓成功一定是有风险的。

“子曰：‘射有似乎君子，失诸正鹄，反求诸身。’”君子的为人和射箭有些相似，如果你没有射中目标的话，不要去责怪箭，也不要去抱怨目标设置得不好，而是要反思你的射箭水平。“反求诸身”，要反思自己的问题。这个道理很好理解，没有射中目标，我们的确不会去责怪箭和靶子的问题。但是，在做事的时候，一件事情没有做好的话，本能地就会去责怪别人，而不是责怪自己。射箭和做君子其实是不太一样的，射箭不中目标自然会反思射箭水平，但做不成君子，人们有理由归咎于他人。射箭，一方是主动的，另外一方完全是被动的，你怎么能怪它呢？你怪不了呀！做事就不一样了，有一个词叫作交互主动，在交互主动中，我们就很容易把这件做错的事情，归咎给别人。物给我们造成伤害，我们不会生气，但是人就不一样了，我们就会去责怪他。你责怪他的时候，他作为一个主体，也可以去责怪你，他说是你的问题，你说是他的问题，彼此之间产生冲突。但如果你反思你的问题，他反思他的问题，双方都在反思自我，就能营造出一种团结和谐的局面。

第十五章

君子之道，辟如行远必自迩，辟如登高必自卑。《诗》曰：“妻子好合，如鼓瑟琴；兄弟既翕，和乐且耽；宜尔室家，乐尔妻孥。”子曰：“父母其顺矣乎！”

“*君子之道，辟如行远必自迩，辟如登高必自卑*”，可以从两个方面来理解君子之道。第一个方面，就是问什么是君子之道，这里的“君子之道”，意思与前面的很相似，也是要求我们做事要循序渐进。尽管你的目标非常远大，但是，你必须从眼下开始，从当前开始，尽管你登的山很高，但是你必须从最低的地方开始往上爬。所以中道就是循序渐进，就是从眼前走到遥远的地方，从最低的地方走到最高的地方，这是多么简单而朴实的一个道理。但是，这样的一个道理，人们在生活中却往往忘记。因为它不像一个道，在人们的心目当中，道那么深奥，怎么可能以这么简单的方式表述出来呢？所以我们求道的时候，往往容易求之过深。第二个方面，可以把这句话理解成君子行道的方式，也就是行道要从身边开始。道无处不在，原则上可以从任何地方入手去寻找到这个道，但“君子之道”认为，我们最好还是从自己的身边事物开始寻道，而不是跑到很远的地方去寻找道。从道理上讲，远方也有道，但从远方求道有两个问题，一是表明求道者还没有真正领悟道，还认为道在某个特定的地方，需要跋山涉水。二是认为求道的过程与求道无关，通向远方的道路与道毫无关联，因而，求道就不是随时随地的。

那么，如何理解我们的身边呢？人的行动是自由的，可以到不同的地方，人的身体走到哪个地方，人的身边也就跟到哪个地方。所以，这个身边是不断变化的，但它毕竟有一个相对固定的范围，这就是家。你可以走出家，但你还是要回到家，你每天跟家人打交道。古人待在家里的时间多，与家的关系更加密切，不像今天离开家的时候多。所以，家是实现中道最好的场所。“妻子好合”，家里面核心的关系是夫妻关系，这个关系到什么程度最好呢？“如鼓瑟琴”，要像鼓瑟鼓琴一样和谐。琴瑟如何才能和谐呢？琴必须是琴，瑟必须是瑟，才能够琴瑟和谐，如果琴代替了瑟，或瑟代替了琴，都无所谓和谐。所以，和谐基于这两者各自的独立性，各自发挥好自我，才有琴瑟和谐。也就是说在夫妻关系里面，不是一方替代另一方，或者一方压制另一方，而是彼此相互独立，相互尊重对方。但这是类比，现实的情况要复杂得多。如果现实中的夫妻关系真的像瑟琴一样和谐的话，也就没有必要提出来要“如鼓瑟琴”了。为什么特别复杂呢？婚姻是合两姓之好，它以社会稳定为核心，带有很强的功利性。但婚姻又是两性关系，两性关系以情爱为基础。所以，在婚姻里面就包含着某种矛盾性，爱和婚姻是一种矛盾，婚姻可以不要爱情，爱情也可以不需要婚姻，但想要“如鼓瑟琴”就要处理好这两者的矛盾。所以，家庭里面的中道比我们想象中的要难。

“兄弟既翕，和乐且耽；宜尔室家，乐尔妻孥”。兄弟具有一种血缘关系，有一种天然的亲近，但同时，兄弟最终要变成两个独立的家庭，因此，兄弟之间又具有一种利害关系，尤其是在大家庭里面，为了利益，兄弟“相煎太急”的例子并不少见。所以，兄弟关系也不是特别好相处，因此，《中庸》才借《诗经》特别强调，兄弟之间也要寻找一个中道。

“父母其顺矣乎！”与妻子儿女和睦、与兄弟和睦，一家人都和和睦睦，父母自然感到顺心如意了。当然，儒家的志向不在于此，在于要从家庭和睦达到天下大同。所以，儒家尽管从家这个地方开始寻求中道，但最终目的是要把它推广到社会生活的各个领域，但这个目的未必能够达到。因为每个家都是一个最小的利益集团，家与家之间也会产生利益上的冲突。即便所有的家都实现了中道，也并不表明我们这个世界就会从此相安无事。事实上，每一个不同的领域里面，都有一个特殊的中道。

第十六章

子曰："鬼神之为德，其盛矣乎！视之而弗见，听之而弗闻，体物而不可遗。使天下之人齐明盛服，以承祭祀。洋洋乎！如在其上，如在其左右。《诗》曰：'神之格思，不可度思，矧可射思！'夫微之显，诚之不可掩如此夫！"

"鬼神之为德"，前面一直讲中庸，这里突然讲鬼神，给人一种偏题的感觉。怎样理解呢？其实，这里是用"鬼神"来类比中道，是从"鬼神"这个角度，来重新阐明一下中道的特点。所以，这个地方，这个"鬼神"，完全可以把它换成中道。那为什么不直接论述中庸之道，而要用"鬼神"来说明中庸之道呢？这是要用"鬼神"来强化中道这种神秘而至高无上的性质。因为"中道"这个词，还是很容易让人产生一种误解的，误以为中就是事物的中间，我们可以用一种数学、物理学的方法，测算出来这个中在什么地方，这就容易把中简单化。所以在这个地方，要借助"鬼神"，鬼神之德的特点就是神秘莫测，而且功能特别强大。我们经常讲一个词，叫鬼斧神工，说人的作品像鬼斧神工，这是对人的作品的最高评价。可见"鬼神"在层次上要远远高于人，"鬼神"的作品也远远高于人。所以"鬼神之为德"，就是为了表明中道的一种性质和功用。所以下面对"鬼神"的表述，我们可以一律看作是对中道的表述。

"其盛矣乎"，鬼神之德如何盛大呢？"视之而弗见，听之而弗闻，体物而不可遗”，鬼神不可捉摸而又无处不在，这是一种看不见的盛大。值得注意的是，《中庸》对鬼神的表述方式与老子对道的表述方式非常相近。它用一种否定的方式表述鬼神之德，因为任何肯定的表述，都会使得这个鬼神之德凝固化、具体化，从而降低鬼神之德的品格。这种否定的表述往往都是对最高存在的表述，这就意味着这里的鬼神变成了一个最高存在，中庸之道也是一个最高的存在，所以“鬼神”与“中道”是可以互换的。“鬼神”也好，“中道”也好，都是感官无法把握的。那我们靠什么去把握呢？靠一种直觉，也可以叫作判断力。德国哲学家康德讲，人的这种判断力是不能教的，只能靠自己去领悟、去摸索、很神秘。鬼神之德神秘莫测，看不见、摸不着，但它是存在的，它“体物而不可遗”，体现在任何一个东西里面。那怎么样去获得它呢？

“使天下之人齐明盛服，以承祭祀。”要沐浴更衣，要去斋戒、祭祀，就是要把鬼神当回事，要当作真的有鬼神，才会这么声势浩大，这么认真地去做。这是一个态度问题，祭祀是在表明一种虔诚的态度，相信这个世界上有鬼神。在庄严的仪式后，鬼神之德才会降临下来。这个庄严的仪式非常重要，它表明人的诚心，人诚心接受鬼神之德，鬼神之德才会降临。

“洋洋乎！如在其上，如在其左右。”你会发现，鬼神之德其实并不遥远，在你的祭祀活动中，它就来到了你的身边。这里，我们尝试着把鬼神之德换成中道去表述，这就是你一定要相信中道是存在的，你只有相信它存在，它才可能会存在。坚信它有什么意义呢？意义重大。我们相信有一个中道，才会朝着中道去努力，即便最后你没有达到中道，但你已经朝中道前进了一步。反之，如果你一开始就不坚信，你就不会去寻找中道，就等于放弃了中道。既然没有中道，人就可以随心所欲、胡作非为，最后离中道就越来越远了。

“诗曰：‘神之格思，不可度思，矧可射思！’”“格”不需要翻译，“思”也不要翻译，这句话是说神什么时候到来不可预测，也就是说，中道什么时候到来，我们不知道。只要将中道的意识深深地刻在心灵上，我们总会离中道越来越近。“夫微之显，诚之不可掩如此夫！”鬼神是“微”，是看不到的，“显”是看得见的意思。这句话就是讲鬼神从看不见到看得见，也就是说中道从看不见到看得见。中道从看不见到看得见依靠的是什么呢？是诚。前面已经说到盛服祭祀，为什么还要讲一个“诚”字呢？因为盛服只是一种外在形式，而诚是表现内心。因为人按照仪式去祭祀，完全可以心不在焉。你心不在焉，怎么能指望“鬼神”“中道”来到你的身边呢？所以这里讲，只要你诚，那么“鬼神”“中道”，最后会呈现出来。但是如果你没有诚意，那“鬼神”“中道”可能就呈现不出来了。所以，获得“鬼神”“中道”首先要有一颗诚心，这个时候你才能让“鬼神”“中道”最终在具体事务当中呈现出来。这个诚心是掩盖不住的，诚一定会有所表现，同样，不诚也是有所表现的，你不要以为你的不诚，别人不知道。

第十七章

子曰：“舜其大孝也与！德为圣人，尊为天子，富有四海之内。宗庙飨之，子孙保之。故大德必得其位，必得其禄，必得其名，必得其寿。故天之生物，必因其材而笃焉。故栽者培之，倾者覆之。《诗》曰：‘嘉乐君子，宪宪令德。宜民宜人，受禄于天。保佑命之，自天申之。’故大德者必受命。”

“舜其大孝也与！德为圣人，尊为天子，富有四海之内，宗庙飨之，子孙保之。”上一章讲中庸作为一种德是非常神秘的，如果中庸这种德永远神秘的话，那我们就永远无法去获得中庸。所以，这一章要具体说明中庸在日常生活中是有所表现的，不是完全不可捉摸的，这就给平常人实践中庸提供了一种方向、一种思路。这一章以大舜为例来说中庸，这一段话是孔子讲的，孔子首先讲了舜一生的成就，舜是天下闻名的大孝子，在德行上是圣人，在地位上是天子，拥有天下的财富。他不仅生前荣耀，死后也得到世世代代的祭祀，后人永远保持祭祀不断，也得到了大舜的护佑，大舜以自己的思想护佑着天下苍生。可以看出，大舜这一生，的确做出了我们平常人无法比拟的成就。

“故大德必得其位，必得其禄，必得其名，必得其寿”，这里有一个“故”字，从“故”字可看出这句话是由上面的话引出来的结论。“大德”是孔子对大舜的定位，这个“大德”里面包含着极为丰富的内容，根据《孟子》记载，大舜除了大孝外，身上还有一种神奇的能力，他去修仓库，父亲和弟弟抽掉梯子，在下面放火，他毫发无损地跑了。他挖井，父亲和弟弟又从上面填土，他又安然无恙地离开了。大舜还很有智慧，当了天子，既要表达对弟弟的爱，给了弟弟封地，但又不能让弟弟胡作非为、祸害百姓，于是亲自安排官员，架空弟弟。舜还特别有魄力，敢于流放四害，平定四海。在孟子笔下大舜近乎一个完美的人。“必得其位，必得其禄，必得其名，必得其寿”，只要你有大德，你必然就会得其位、得其禄、得其名、得其寿，换句话讲，只要你有大德，你就会拥有一切。这个因果关系能否成立呢？有大德是不是就会拥有一切呢？舜因为他的大德所获得的一切，是一种偶然的现象还是一种必然现象呢？显然，这个结论不是必然的，就如周公，也是一个圣人，但周公只是一个辅相，没有当上天子；孔子也是圣人，也没有得其位。事实表明，这样的判断是有问题的，是不可靠的。另外，如果大德者必然受命的话，那还会出现另外一个问题，历史上已受命的人都可以自称为大德者，这样历史上所有的帝王就都可以成为大德者了，这就很危险了，这就为他们的为所欲为找到了一个合理的根据。这样的一种说法也使儒家所讲的德不那么纯粹了，德和功名利禄联系到了一起，让人感觉一个人想要成为大德最终是为了功名利禄。大德应该像康德所讲的那样，把行善本身当作目的，这样才能保证善的纯粹性。可见，由“大德”得出必然会怎样的结论是有问题的。那是不是意味着这段话就没有任何意义呢？我们可以换个角度来看，一个人会在什么样的处境下讲这样的话呢？人在困境时才会讲这样的话，人在困境当中需要一种信心去摆脱这样一种困境。就如李白所说的“天生我材必有用”，讲这句话时至少他的材没有用，所以他才讲这样的话。一个大德之人处在困境中时，就必须用一种信念来支撑自己，一个大德之人怎么能不受天的保佑呢？这个“必得”可以理解为应该有，而不是事实上有。

“故天之生物，必因其材而笃焉。故栽者培之，倾者覆之”，这个“故”是“因为”的意思，这句话就是解释大德为什么必受命，这里把大德与受命的因果关系提升到了天的高度。天生万物，对万物一视同仁，天按照万物固有的样子进行培养。“栽者培之”，能够生长起来的，能力很强的，天就去培育，“倾者覆之”，彻底倒掉的，天就要抛弃，如果是倾斜的状态，天将会扶持。这就是天的公平，只要你有能力，天就会帮助你；你有大德，天就会给你一个相应的报答。一个大德的人，从公平、公正的角度讲应该得到报答，当然，现实当中可能得不到报答，但是从天的角度来讲是应该得到的。

接下来引用了《诗经》里的话，来说明大德者必受命。“《诗》曰：‘嘉乐君子，宪宪令德。宜民宜人，受禄于天。保佑命之，自天申之。’故大德者必受命。”一个道德品质好的君子，天肯定会保佑他，让他终成正果，这就是“大德者必受命”。这应该理解为一种信念，一种美好的愿望。“大德者必受命”，这也体现了中道的思想，由大德而受命应该成为人间的一个真理。

第十八章

子曰：“无忧者其惟文王乎！以王季为父，以武王为子，父作之，子述之。武王缵大王、王季、文王之绪，壹戎衣而有天下。身不失天下之显名，尊为天子，富有四海之内，宗庙飨之，子孙保之。武王末受命，周公成文、武之德，追王大王、王季，上祀先公以天子之礼。斯礼也，达乎诸侯大夫，及士庶人。父为大夫，子为士；葬以大夫，祭以士。父为士，子为大夫；葬以士，祭以大夫。期之丧，达乎大夫。三年之丧，达乎天子。父母之丧，无贵贱一也。”

“无忧者其惟文王乎！以王季为父，以武王为子，父作之，子述之”，“无忧者”就是没有任何忧虑、没有任何遗憾的人，文王就是这样的人。为什么文王无忧无虑呢？“以王季为父，以武王为子，父作之，子述之”，他有一个好父亲，有一个好儿子，父亲开创了他的事业，儿子继承了他的事业，这对一个人来讲肯定是无忧无虑了。当然，准确地讲，好父亲、好儿子只是提供了无忧无虑的外部条件，最终能否无忧无虑，还取决于自己。如果文王不守中道，忧患就会随之而来，即使有一个好父亲、好儿子也无济于事。那文王是如何把握中道的呢？我们都知道，文王扩大了父亲的事业，但是最终没有完成父亲的伟业。在他手里完成伟业的可能性是有的，因为文王那时已经三分天下有其二，一鼓作气拿下商朝，应当是不成问题的。但文王觉得还不是时候，从道义上讲，商纣王毕竟是君，不能以臣弑君。所以，尽管武力上

有能力拿下，但还是要等待正义的机会，在他的手上没有等到这个时机，就不去贸然行事，这就是文王的中道。如果他贸然行事，就会以臣弑君，就会遭到舆论的谴责，就会有忧虑了，文王顺其事理的发展，不是违逆事理，因此成为无忧者。因此，真正的无忧者，就是按照中道的原则去做事的人。

“武王缵大王、王季、文王之绪，壹戎衣而有天下。身不失天下之显名，尊为天子，富有四海之内，宗庙飨之，子孙保之”，这段话讲武王的功绩。武王继承了先辈的事业，推翻了商朝，拥有了天下。“身不失天下之显名”，这个表述很微妙，按理来说，最好表述为“身得天下之显名”，为什么要说“不失”呢？这说明武王伐纣还是很冒险的，这是一步险棋，这个行为本身可能会被人谴责，后人把商纣王定性为暴君，而且是惨无人道的暴君，在今天人看来，推翻商纣王是一件非常正义的事情。但是，今天的说法是经过历代人不断修饰经典化了的，当年的纣王是否有那么坏，这还是不一定的。在当时人的眼里，武王伐纣是一个以臣弑君的行为，不是所有人都能理解的，伯夷、叔齐就明确表示反对，“武王已平殷乱，天下宗周，而伯夷、叔齐耻之，义不食周粟，隐于首阳山，采薇而食之。”他们不食周粟，隐居在首阳山上，可见其态度之坚决。所以，对武王伐纣这件事的评价在当时人那里是悬而未决的，不像现在这样泾渭分明。但是，武王伟大的地方也在此，他推翻了纣王，大家还是认可了他的行为，这至少表明武王很智慧，抓住了一个时机，也就是抓住了中道的原则，顺从了事物发展的道理，推翻了商朝，并且保住了自己的英名。

“武王末受命，周公成文、武之德，追王大王、王季，上祀先公以天子之礼”，这里讲周公的伟业。周公制礼作乐，进行思想文化建设，使周朝的权力合法化。周公全面进行制度建设，他把制度建设推广到社会各阶层，把礼贯穿上下，建立了一套完备的礼制。为什么一定要有礼制呢？礼就是社会制度、社会规范，如果没有这个礼，人的行为就没有一个确定的标准。因为中是灵活的，不好把握，礼作为一种固化的中道，便于人们去遵守。另外，礼本身必须以中为原则，也就是制度建设必须以中为原则，也就是说，礼的背后必须有一个道理。周公制礼有两点需要特别注意：一是他大规模地制礼，规定人的行为规范；二是强调礼后面要有一个理，也就是说礼一定要合理，否则这个礼就不长久。

“斯礼也，达乎诸侯大夫，及士庶人。父为大夫，子为士；葬以大夫，祭以士。父为士，子为大夫；葬以士，祭以大夫”，礼是贯穿上下的，包括所有的人，而不是局限在某一阶层的，礼的范围是全覆盖的，是平等的。接下来讲具体的礼，父亲是大夫，自己是士，父亲死了用大夫的身份去葬，用士的身份祭祀；紧接着又讲父亲是士，自己是大夫，父亲死了用士的身份去葬，自己要用大夫的身份去祭祀，这样的礼是具有合理性的。葬礼和死者的身份相符合，祭祀要与祭祀者的身份相符合，祭祀者的身份发生变化时，祭祀活动的规制也要随之发生改变，是什么身份就以什么身份去祭祀。制定制度固然重要，制定一个合理的制度更重要，周公不仅仅在制礼，他追求制定一种合理性的礼，这一点需要特别关注。

“期之丧，达乎大夫。三年之丧，达乎天子。父母之丧，无贵贱一也”，大夫以下实行一年之丧，因为涉及的人多，他们都是办事的人员，如若时间太长，那就没法办事了。天子实行三年之丧，因为他的身份高，人数少，三年之丧既显得隆重，也不会大规模影响具体的政务。父母之丧无论贵贱，统一规定为三年，这就有一种平等的意识，周公制礼在讲普遍性的同时，也照顾到特殊性，周公力求礼的合理性。

文王、武王、周公这三个人都做了自己该做的事情，他们所做的都是合乎道理的事情，也可以说，他们取得的成就都与他们对中道的把握密切相关，他们都是中道思想的体现者。其中，周公制礼的中道原则，在今天仍具有启发意义，我们有各种各样的制度，但是这些制度是不是合理呢？

第十九章

子曰："武王、周公，其达孝矣乎！夫孝者，善继人之志，善述人之事者也。春秋修其祖庙，陈其宗器，设其裳衣，荐其时食。宗庙之礼，所以序昭穆也。序爵，所以辨贵贱也；序事，所以辨贤也。旅酬，下为上，所以逮贱也；燕毛，所以序齿也。践其位，行其礼，奏其乐，敬其所尊，爱其所亲，事死如事生，事亡如事存，孝之至也。郊社之礼，所以事上帝也，宗庙之礼，所以祀乎其先也。明乎郊社之礼、禘尝之义，治国其如示诸掌乎！"

"武王、周公，其达孝矣乎！"武王、周公是最孝顺的人，这个"达孝"就是大孝，在物质上满足父母，这是孝，但不是大孝，那大孝是什么呢？

"夫孝者，善继人之志，善述人之事者也"，能够继承父母的遗志，把父母没有完成的事业完成了，这才是大孝。这个大孝给人压力太大。人的志向是无限大的，人的孝也就是无限大的，完成先人的遗志谈何容易。除此以外，怎么表达我们的孝呢？那就是祭祀，在祭祀中强化家族的认同，把个人的事业和父辈的事业融为一体，变成一个共同的事业。因为先辈们都去世了，只能通过祭祀和先辈们保持联系，祭祀既是先辈对我们的要求，同时也是我们对自身的一种要求，因为每个人都无法孤立地存在。当一个人孤立存在时，就会产生一种孤独感、不安全感，甚至是一种无意义感。因此，人为了自己的价值和意义，必须和他人建立一种联系，通过这种联系获得生存的意义。人不仅要与活着的人打交道，还要与死去的人打交道，因为死去的人与活着的人是密切关联着的，我们是在完成他们的事业，我们所做的一切都是为了光宗耀祖。

“春秋修其祖庙，陈其宗器，设其裳衣，荐其时食”，这是祭祀的准备工作，为什么在春秋呢？春天是万物复苏的季节，秋天是收获的季节，“祖庙”“宗器”“裳衣”“荐”都是古老的物件，它们都是先人使用过的，“修”“陈”“设”它们，这是与先人共享，通过这些古老的物件来建立与先人的联系。

“宗庙之礼，所以序昭穆也。序爵，所以辨贵贱也；序事，所以辨贤也。旅酬，下为上，所以逮贱也；燕毛，所以序齿也”，这段话是讲祭祀的盛大场面，气氛隆重，有一种庄严感。这个场面主要以人构成，人是怎样构成的呢？首先就要“序昭穆”，把历代的祖宗按次序排列，左边是“昭”，指的是父亲，右边是“穆”，指的是儿子，这样他们的关系一目了然。同样，祭祀的人也按这样的顺序排列，一一对应。其他人也要有序排列，每一种排列形式，都体现着其特定的意义。按照爵位来排列，是为了区分贵贱。不同的人安排不同的职事，是为了区分贤愚。吃饭时下级要给上级敬酒，是为了将礼仪落实到最底层；按照头发的黑白来排列宴会的坐次，是为了排列年龄大小的顺序。这就是讲在祭祀时每个人都有自己规定的位置。

“践其位，行其礼，奏其乐，敬其所尊，爱其所亲，事死如事生，事亡如事存，孝之至也”，这是讲祭祀活动开始的情况。祭祀就是把祖先看得最重要，一切都要以祖先为中心，首先要重现祖先的生活环境，然后在意识中、在想象中，祖先来到我们的面前，然后和先人保持思想和行动上的一致。在祭祀活动中，要极富想象力，甚至需要某种表演的才能，要把死想象为生，把不存在想象为存在。当然，在儒家看来，这跟表演毫无关系，也不需要审美想象力，只要真诚就可以做到。

“郊社之礼，所以事上帝也，宗庙之礼，所以祀乎其先也。明乎郊社之礼、禘尝之义，治国其如示诸掌乎！”这里讲祭祀活动有两大类，一类是祭祀天、地，因为人生在天地之间，人应该感激天地；一类是宗庙之礼，祭祀祖先的，没有祖先就没有我们。如果一个人能明白祭祀天地的礼又明白祭祀祖先的礼，那么治国就易如反掌了。祭祀和治国有什么关系呢？“郊社之礼”表明人要按照天地的旨意去治国，这样治国就是神圣和崇高的。“宗庙之礼”旨在强化一种人间秩序，因为古代家国同构，对内是父子，对外是君臣，所以对父亲的孝就是对君的服从，人人都孝就是人人都服从国君，这样国家就治理好了。由此可知，古代的祭祀与治国有着重要关系。“郊社之礼”强调天地秩序，“宗庙之礼”强调国家秩序，天地秩序保证了国家秩序，国家秩序是天地秩序的体现。可见祭祀的本质就是强化秩序，让人从内心里尊重秩序、服从秩序。当然，有一个前提，这个秩序是符合中道的。

第二十章

哀公问政。子曰："文武之政，布在方策。其人存，则其政举；其人亡，则其政息。人道敏政，地道敏树。夫政也者，蒲卢也。故为政在人，取人以身，修身以道，修道以仁。仁者人也，亲亲为大；义者宜也，尊贤为大；亲亲之杀，尊贤之等，礼所生也。在下位不获乎上，民不可得而治矣！故君子不可以不修身；思修身，不可以不事亲；思事亲，不可以不知人；思知人，不可以不知天。"天下之达道五，所以行之者三：曰君臣也，父子也，夫妇也，昆弟也，朋友之交也：五者天下之达道也。知、仁、勇三者，天下之达德也，所以行之者一也。或生而知之，或学而知之，或困而知之，及其知之一也；或安而行之，或利而行之，或勉强而行之，及其成功一也。子曰："好学近乎知，力行近乎仁，知耻近乎勇。知斯三者，则知所以修身；知所以修身，则知所以治人；知所以治人，则知所以治天下国家矣。"凡为天下国家有九经，曰：修身也，尊贤也，亲亲也，敬大臣也，体群臣也，子庶民也，来百工也，柔远人也，怀诸侯也。修身则道立，尊贤则不惑，亲亲则诸父昆弟不怨，敬大臣则不眩，体群臣则士之报礼重，子庶民则百姓劝，来百工则财用足，柔远人则四方归之，怀诸侯则天下畏之。齐明盛服，非礼不动，所以修身也；去谗远色，贱货而贵德，所以劝贤也；尊其位，重其禄，同其好恶，所以劝亲亲也；官盛任使，所以劝大臣也；忠信重禄，所以劝士也；时使薄敛，所以劝百姓也；日省月试，既禀称事，所以劝百工也；送往迎来，嘉善而矜不能，所以柔远人也；继绝世，举废国，治乱持危，朝聘以

时，厚往而薄来，所以怀诸侯也。凡为天下国家有九经，所以行之者一也。凡事豫则立，不豫则废。言前定则不跲，事前定则不困，行前定则不疚，道前定则不穷。在下位不获乎上，民不可得而治矣；获乎上有道，不信乎朋友，不获乎上矣；信乎朋友有道：不顺乎亲，不信乎朋友矣；顺乎亲有道；反诸身不诚，不顺乎亲矣；诚身有道，不明乎善，不诚乎身矣。诚者，天之道也；诚之者，人之道也。诚者不勉而中，不思而得，从容中道，圣人也。诚之者，择善而固执之者也。博学之，审问之，慎思之，明辨之，笃行之。有弗学，学之弗能弗措也；有弗问，问之弗知弗措也；有弗思，思之弗得弗措也；有弗辨，辨之弗明弗措也；有弗行，行之弗笃弗措也；人一能之己百之，人十能之己千之。果能此道矣，虽愚必明，虽柔必强。

哀公问政。子曰："文武之政，布在方策。其人存，则其政举；其人亡，则其政息。人道敏政，地道敏树。夫政也者，蒲卢也。故为政在人，取人以身，修身以道，修道以仁。仁者人也，亲亲为大；义者宜也，尊贤为大；亲亲之杀，尊贤之等，礼所生也。在下位不获乎上，民不可得而治矣！故君子不可以不修身；思修身，不可以不事亲；思事亲，不可以不知人；思知人，不可以不知天。"

从"哀公问政"到"不可以不知天"，这段话《孔子家语》里也有，到底谁先谁后，现在还不确定。《孔子家语》里的内容更丰富一点，《中庸》这里相对简约些，但也增加了一点东西。"哀公问政"，鲁哀公问孔子，如何治理国家。哀公向孔子请教治国方略，表明哀公有想把国家治理好的愿望，同时也表明孔子的名气很大。下面是孔子的回答："文武之政"，就是文王和武王治理国家的方式方法。文王和武王治理国家的方式方法代表了正确的方式方法，他们的治理方法已经成为后人治理国家的典范，后人向他们学习就是了。他们的治理方法在哪里能找得到呢？"布在方策"，记载在方策上，已经作为典籍了，后人只要根据这个记载去施政就可以了。问题是，后人没有关注这些写在典籍上的治国方略，没有人去理会这件事，以至于这么好的治国方略没有被流传下来，没有被人真正继承下来。这就让我们非常疑惑，文王和武王的治国方略明明白白记载在典籍上了，我们照着做就可以，为什么我们不照着做呢？“其人存，则其政举；其人亡，则其政息。”这两句话很重要。人存政举，人亡政息。只有信奉并坚决贯彻文武之政的人在，文武之政才可能出现。如果没有那样的人，文武之政也就是一张废纸。这里谈到人的重要性，其实那些治理国家的好方针并不缺少，缺少的是执行方针的人。孔子看问题很准确，看到了问题的要害，而且这也是两千多年以来一直困扰着我们的问题，一个好的治国方略依赖于一个好的人去执行。到今天为止，我们依然关注这个问题：如何去寻找落实方针政策的人？换一个角度，我们发现一个问题，为什么这样一个好的政策没有人去贯彻下去呢？这里面既有人的问题，同时也有制度的问题，我们没有形成一个制度去约束这个人必须这样做。所以，当我们把人看作最重要的时候，其实掩盖了一个重要问题——制度对人的约束。我们应该有一个制度去约束统治者必须这样做，如果没有这样的约束力，我们就会把所有的宝都押在那个人身上，人在，政策就在；人不在，政策就不在，政策永远没有连续性。当我们把一个人看作最重要的时候，也是最危险的时候。一个好的制度应该是政策和人能够分离的制度，这样就能确保这个人没有了，政策还能延续。孔子这段话，揭示了一个重要的政治现象：文武之政与文王和武王联系太紧密。文王和武王不在了，文武之政也就不在了，以至哀公要向孔子问政。我们还可以往深里想，孔子和儒家极力推崇的文武之政是不是真的那么好，因为一个好的制度，内部必定有让这个制度延续下去的因素。

“人道敏政，地道敏树。”治理国家，政治是关键，种庄稼，技艺是关键。“夫政也者，蒲卢也。”这句话比较费解，“蒲卢”是特别容易生长的一种植物，生命力强，说政治像蒲卢意味着政治也是极具生命力的，它无处不在，渗透到社会生活的方方面面，政治与每个人都息息相关。政治对人类如此重要，那么为政的关键是什么呢？“故为政在人”，为政主要靠的是人才。我们前面提到的制度问题，孔子怎么没有考虑到呢？一个圣人应该知道政治问题的根本是什么，他应该知道这一点，为什么仍然强调人的问题呢？因为周朝的封建制度已经很完善了，而且这个制度是被社会普遍接受和认可的。如果没有一种新的制度作为参照，人们一般都会倾向于认同这个制度，不会想到去变更这个制度。在这种制度下成长起来，就会受到这种制度无形的制约。我们不要高估自己的能力，好像我们能超越很多东西，有时候是超越不了的，孔子也是一样，他只能说“为政在人”，这不是一个人的水平问题。况且，“为政在人”也并不错，即便是一个好的制度也是由人创造的。既然“为政在人”，那就要寻找那个人。这个世界上到处都是人，去找谁呢？找人先要有个标准，然后按照标准去找所需要的人。标准就是“取人以身”。自己是什么样的人，就去找什么样的人，我们要找和自己的思想、观念一致的人，也可以讲是志同道合的人。我们在选人的时候，拿自身作为一个标准。现在又有一个问题：你自身的标准到底对不对呢？“修身以道”，显然，自身的标准不能作为一个真正的标准，这仅仅是一个私人的标准，是个性化的标准。所以，要严格考察你的这个标准，要以道的眼光去考察、去衡量，力求把主观的标准变成客观的标准。这个“道”是什么呢？道是一个普遍的概念，各家各派都讲道。我们所讲的道有没有具体的内容呢？“修道以仁。”以仁义修道，仁义是道的体现，这就体现道的儒家色彩。

接下来解释仁义，“仁者，人也，亲亲为大”。仁者爱人，“仁”的最大的特点是爱人，在所有的爱当中，哪一种爱最为重要呢？“亲亲为大”，前一个“亲”是指爱，后一个“亲”是指亲人，在所有的爱当中，爱你的亲人最重要。这句话没有大问题，但是我们会困惑，“亲亲”是一种本能，你不提倡，它也应该是这样。亲人本来就是我们最亲的人，所以，这句话等于在强调一个事实，这个事实古今中外都不例外。儒家在强调“亲亲”时，应该有特殊的含义，这个“亲亲”不仅是家族问题，而且是重大的社会政治问题。这与封建制度的特点有关，在封建制度中，家族中的亲人也是社会当中的上下级，既是父子也是君臣，所以，“亲亲”有利于维护社会稳定。在理解古人思想的时候，特别要注意当时的社会制度，否则的话，就看不明白“亲亲”为什么重要。全世界的人都“亲亲”，只有中国人强调“亲亲”，这就与封建制度有关。“义者，宜也，尊贤为大”。“义”是适宜、应该，与理性有关。一个人不能仅仅和自己的亲人打交道，还要走向社会，走向社会靠的是“宜”，靠的是人的理性。那些本来和我们无关的人，从理性的角度看都和我们有关系，因为他们是贤人，所以，我们要尊重他们。“贤”本身是理性思考的一个结果，有利于统治的就是贤，虽然不是自己的亲人，但从理性看仍然需要贤人。有了仁义，这个社会的基本架构就起来了。接下来进一步解释“亲亲”和“尊贤”，“亲亲之杀，尊贤之等，礼所生也”。“杀”是递减的意思，“亲亲”里面有一个等级，“亲亲”不是对所有的亲人都一样，父母最亲，其次兄弟姐妹，再次堂姐妹，再下来表姐妹等等。“贤”里也有一个等级的划分。“亲亲”和“尊贤”的等级相比，“亲亲”的等级相对固定，“尊贤”的等级不好确定，这个地方有些任意性，因为标准不一样。“亲亲”有等级，“尊贤”也有等级，有了等级，就有了礼。这就构成了社会制度。“在下位不获乎上，民不可得而治矣。”后人都说这两句话是多余的，应该删去，这里就不研究了。“故君子，不可以不修身。”所以君子要修身。所谓“修身”，就是用礼、用仁义去约束、限制自己，这样你取人的标准才可能是正确的标准。可见，“取人以身”不是件随随便便的事，而是一件极为严肃认真的事。

“思修身，不可以不事亲。”前面讲修身的道理，这里具体讲应该怎么修身。要修身，就要去“事亲”。这样，修身就不是一个理论问题，而是一个实践问题。要在“事亲”当中学会修身，在这个活动当中去修身。“思事亲，不可以不知人。”侍奉父母当然很重要，但是人类不是只有父子关系，还有别的关系。所以，不仅要考虑事亲的问题，还要“知人”，考虑方方面面的关系。按照儒家的观点，人首先不是你自己，人是关系，人至少有五种关系，君臣、父子、夫妇、兄弟、朋友。人应该在五种关系里完成修身，这就把修身从私人领域扩大到社会领域，这就大大扩展了修身的范围，丰富了修身的内容。所以，“知人”就是知道人有五种关系。儒家把人放到关系中，这当然是不错的。但人并不总是在关系中，人首先是他自己，人能够进入关系中，逻辑上也预设人是自己。所以，严格意义的“知人”也应该包括知道人是自己，这样修身不只意味着进入关系，也有摆脱关系，回到自己的意思。“思知人，不可以不知天。”要知人的话，还要知天。这个“知天”就是知道这五种关系具有一种必然性、天然性。这五种关系不是人为制造出来的，人生在这个世界上，就天然地具有这五种关系。“知天”就是强化对这五种关系的认同，不要认为这五种关系是强加给人的，不要试图去摆脱它，你是摆脱不了的。在关系中修身，不是摆脱关系修身，这就把儒家的修身和道家、佛家的修身区别开来了。佛家的修身是要摆脱五种关系的束缚，一个人走到山里面，独自修行，他们还以剃掉头发表示决心。道家的隐士，也是脱离社会的。为什么孟子批评陈仲子？因为他放弃了所有的关系，以求洁身自好，但“欲洁其身，而乱大伦”。从现在的观点看，儒、释、道三家修身各有各的道理。儒家自不必说，佛道修身也有可取之处。在人群中修身容易被关系困扰，到最后，不但没有修身，反而搞得身心疲惫。这时，佛道的修身就会产生一种吸引力，让人产生对山林的向往。思想具有一种治疗的效果。儒家就像五谷杂粮，不吃不行，吃得久了，免不了要生病，病得轻就学一点道家，病得重就学一点佛家，各有好处。

天下之达道五，所以行之者三：曰君臣也，父子也，夫妇也，昆弟也，朋友之交也：五者天下之达道也。知、仁、勇三者，天下之达德也。所以行之者一也。或生而知之，或学而知之，或困而知之，及其知之一也；或安而行之，或利而行之，或勉强而行之，及其成功一也。子曰：“好学近乎知，力行近乎仁，知耻近乎勇。知斯三者，则知所以修身；知所以修身，则知所以治人；知所以治人，则知所以治天下国家矣。”

“天下之达道五，所以行之者三。”通行天下的大道理有五种，要落实好这五种道理必须依赖于三种美德。“曰君臣也，父子也，夫妇也，昆弟也，朋友之交也：五者，天下之达道也。”君臣、父子、夫妇、兄弟、朋友，这是人不可脱离的五种关系，也是成就每一个人的五种关系，所以也就变成了五种大道理。从今天人的眼光看，这五种关系并不是特别的完备，好像还缺少了一些关系，比如母子、母女、姐妹关系等等。我们发现这五种关系偏重于男性之间的关系，忽略了女性之间的关系。怎么看待这个问题呢？是不是有性别歧视呢？回答应该是否定的。因为传统的社会是一个农业社会，农业社会技术非常落后，身体具有决定性的作用，身体的强大就决定他所从事的事情不一样，也就决定了他的社会地位。女性身体相对弱小，这也决定了她的社会地位相对较低。这不是歧视，是自然选择的一种结果，不是人为的结果。现在的情况不一样了，技术的发展改变了体力在社会生活当中的地位，所有需要体力做的活都被机器替代了。这样，在现代社会里体力就不是一个优势了，女性在许多方面做得比男性还好。就那个时代而言，这五种关系还是合理的。

“知、仁、勇三者，天下之达德也。所以行之者一也。”“知、仁、勇”三者的顺序写成“仁、知、勇”可能会更好，无论从哪一个角度来讲，儒家都应该把仁放在最根本的地位。但是我们还是按照《中庸》所写顺序来说。为什么要提出知、仁、勇这三种品德呢？因为这五种关系不是一种固定不变的关系，关系的性质随时可能发生变化。怎么样使五种关系变得正常、健康呢？这就需要人去努力，需要人具有“知、仁、勇”三种品德，具备了这三种品德才有可能处理好这五种关系，不具备这三种品德，就有可能损害这五种关系。首先，“知”是一种智慧，处理好这五种关系需要智慧。在生活当中，有人把这五种关系处理得很好，有人就没有处理好，其中就有一个智慧的问题。比如，处理君臣关系就需要智慧，从大臣这个角度讲，大臣总是希望和国君搞好关系。但是我们会发现一个问题，一个忠臣通常没有和国君搞好关系，而一个奸臣和国君的关系却如鱼得水。如果是这样的情况，忠臣最后也发挥不了作用。因为你和国君的关系搞不好，你的任何建议都不会被采纳，那你这个忠臣还有什么用处呢！可见，忠臣不仅仅要忠，而且需要智慧。一个忠臣为什么总是不讨国君喜欢，就是话太直，直本身没有问题，但是你能不能够换一种说话的方式呢？你有一种好的愿望，还要有表达愿望的好方式。处理父子关系同样也需要智慧，父母都爱子女，但不加节制的话，对子女的爱就可能变成溺爱。还有一种情况，把爱转化成一种责任，这就导致对子女的要求比较严，希望他们有一个很好的未来，结果加剧了双方的矛盾。如果“易子而教”，把自己的儿子交给别人去教育，就避免了父子之间的冲突。同样，夫妻、兄弟、朋友这三种关系的处理也需要智慧。

其次，“仁”对于处理五种关系有什么重要作用呢？仁是什么？“仁”就是一种爱，这是处理五种关系的一个基础。在处理五种关系之前，你先要有一颗仁心，希望把各种关系处理好。如果没有仁心，你就不会把这五种关系当回事，也就不会去找和谐这五种关系的办法。所以，“仁”是前提。接下来是“勇”，“勇”是勇气的意思，建立好的关系和勇气有什么关系呢？人本着一颗仁心，用一种好的方法，去建立美好的关系，这个美好的关系是不是就一定能出现呢？未必。有的时候，你做得很多，也做得很好，但未必被人认可，这就是人性的复杂性。这时候人就很容易失去信心，对能否建立一种好的关系失去信心。这时，人有可能选择放弃。这时候就需要一种勇气，战胜自我的勇气，勇气让人重新树立起了信心。“所以行之者一也。”靠仁、知、勇能够搞好这五种关系，仁、知、勇三者，发挥的作用是不一样的，但对于搞好这五种关系都是一样的重要，缺一不可。

用这三种品德去和谐五种关系的大道理，人们掌握的水平是不一样的，或者说掌握的方式方法是不一样的，也可以讲人们是怎么掌握这个大道理的。“或生而知之”，有人是生下来就知道的。这种人有没有呢？可能有，但很少。他们是谁呢？应该是人们所说的圣人了。这个世界上真的有一些人悟性特别高，否则我们这些大道理最早从哪儿来的呢？我们还是应该相信有这样的人，但是圣人大都很谦虚，都不承认自己是“生而知之”。这一方面是因为圣人大多是很努力的，他们并没有“生而知之”的感觉；另一方面，一旦承认“生而知之”，就给那些不思进取的人提供了借口，儒家的教化思想也就没有了着落。“学而知之”，这种人人数众多，一般人都是通过“学而知之”。“学而知之”就是在一种常态下，以一种正常的方式学到大道理。“困而知之”，是指人开始没有学习，也不认为这种学习是有必要的，而是在困境中想到要学的。明代理学家罗钦顺写了一本书就叫《困知记》，也就是说他是“困而知之”。“困知”特别重要，因为“学知”是在一种没有压力的状态下，一种自然的学习、领会。所以这个领会就容易浮在表面上，这个“知”不是来自他生命的体验。只有一种“知”和生命体验联系在一起，这个“知”才是刻骨铭心的。历史上有很多人都是在困境中彻悟出来的，王阳明被贬到贵州龙场，在艰难困苦中，在解决自己的生存困境中才悟出“吾性自足”。这跟我们坐在阳光明媚的教室里面，去思考自己的未来是完全不同的。学习也是这样，人按照正常的学制一直往上念，念到大学毕业，再念到研究生，这时候你学到很多东西，但你学得很恍惚，觉得学这些是干什么呢？不知道。当你在工作中遇到困难再来学习，那个感觉和你过去学的感觉完全是不一样，这是在“困知”。“困知”这两个字讲得特别好，在困境中知，体验更深刻。没有困知怎么办，也有一个方法可以补救一下，就是发挥自己的想象力，想象一种困知，想象自己已经在工作单位上，下学期就要讲“大学、中庸”的课，这次来就是为了搞清楚许多问题的，这样学习的感觉就不一样了。从终极的意义上讲，“生知”“学知”“困知”是“一也”，从一般意义上讲还是有区别的，“生而知之”境界最高，其次是“学而知之”，最后是“困而知之”。当然达到了最高的境界，最后的结果都一样。

前面讲“知”，这里讲“行”。“知”有三种情况，“行”也有三种不同的境界。“安而行之”，只是为了心安而行，不这样做就于心不安。“安而行之”就是行没有任何的目的性，认为应该把这五种关系搞好，搞好之后就特别愉快。所以，“安而行之”是为了行而行，因为应该行所以我要这样行。“利而行之”，为了利益才这样做，这个境界比“安而行之”要低。“利而行之”把行当作手段，把利当作目的，因为有利可图才这样行的。比如，开商店不卖假货，“安而行之”的人认为本就不应该卖假货，没什么理由；“利而行之”的人也是不卖假货，但他有个理由，一旦卖假货，被别人发现了，失去了信誉，以后生意就不好做了。他是为了维护自己的声誉，是为了把生意做得越来越大、越来越好才不卖假货的。但是不管怎么说，他毕竟也不卖假货，也很不错，值得赞美的。这里“安而行之”和“利而行之”的区别不在外在行为上，而是在内在动机上。所以，真正的德是动机要纯。“或勉强而行之”，搞好这五种关系，不是出自个人的心愿，而是来自外在的一种压力、一种要求。有的人开始不把这些关系当回事，认为没有这些关系也行，我还是我自己，但这样一来就把自己搞孤立了，自我孤立毕竟对自己不好，因为人毕竟是个群体的动物。待在一个和你相互对立的群体当中，你自己也不会很舒服，至少对你自己是不利的。“及其成功一也。”只要最后都成功了，还是一样的，没有区别。这至少对那些勉强而行之的人是一个鼓励吧。

“子曰：‘好学近乎知’”，通常我们把“知”理解得特别深奥，好像和普通人没关系。这里，孔子提供了一个更容易理解的解释，只要不断地学习，这就近乎“知”了。智慧和好学关系密切。没有一个人想犯错误，为什么人还会犯错误呢？是因为自己智慧不够，因为不够好学，对事情的理解不够深刻，最后产生错误的判断。盲人摸象为什么错了，因为他所知有限，摸到象的某一部分他就开始判断了，他如果把象完整地摸一遍，他的判断就会发生变化。生活中经常会出现盲人摸象的情况，自己犯了错却不知道自己有错。“力行近乎仁”，仁是做出来的，不是说出来的，换言之，仁是实践，不是理论，努力去做，这就接近仁了。“知耻近乎勇”，遇到困难和挫折，就打退堂鼓，不想去做。当你意识到这种想法不对时，就会为这个想法感到羞愧，这个时候就是勇了。“知斯三者，则知所以修身；知所以修身，则知所以治人；知所以治人，则知所以治天下国家矣。”把这些道理搞清楚了，就知道修身了，修身远不像想的那么简单。儒家讲修身是走到人群中去，走到关系当中去，不但要走到关系中去，还要把这个关系处好，这才是修身。把五种关系搞明白了，也就把人的问题搞明白了。天下国家是人构成的，既然把人的问题搞明白了，那天下国家的问题不也就明白了吗？！所以，修身不是单纯的个人行为，而是一个社会行为的综合。因此，修身是一个复杂的系统，这个系统的内部具有秩序井然的结构。

凡为天下国家有九经，曰：修身也，尊贤也，亲亲也，敬大臣也，体群臣也，子庶民也，来百工也，柔远人也，怀诸侯也。修身则道立，尊贤则不惑，亲亲则诸父昆弟不怨，敬大臣则不眩，体群臣则士之报礼重，子庶民则百姓劝，来百工则财用足，柔远人则四方归之，怀诸侯则天下畏之。

“凡为天下国家有九经，曰：修身也，尊贤也，亲亲也，敬大臣也，体群臣也，子庶民也，来百工也，柔远人也，怀诸侯也”。作为一个国君，作为一个统治者，治理国家有九条根本的原则。这里具体罗列了这九条原则。这九条原则里面，第一条就是“修身”，这个“修身”和我们之前讲到的那个修身不一样。之前那个修身是一个广义的修身，所以上次提到的那个修身里面包含了很多的内容，也可以讲是无所不包。而九经里面的这个修身是狭义的修身，和后面讲的八个原则是一个并列的关系。另一个方面，我们要了解一下，这九项原则里的第二项和第三项，如果把它们颠倒一下，可能逻辑性会更好。也就是把“尊贤也”和“亲亲也”的顺序颠倒一下，把“亲亲”放在“尊贤”的前面可能更好。这样一调整，我们就会发现这九项原则其实就是《大学》里面所讲到的“修身齐家治国平天下”。第一项原则，“修身”不要变。那么这个“亲亲”就变成了齐家的意思。“尊贤”“敬大臣”“体群臣”“子庶民”“来百工”，这些体现的是治国，只是在治国里面，还有先后顺序的不同。后面的“柔远人也，怀诸侯也”讲的就是平天下的意思。这样我们就能看得出来，这九项原则正好体现了“修身齐家治国平天下”这样一个顺序。还有一点，我们需要注意的是，九项原则的第一个动词都是一个褒义词，可见无论是对自己也好、对亲人也好、对国人也好、对天下人也好，对所有的人都表现出一种善意、一种诚意。这里面丝毫不能有任何恶意。当然这样一种敬意、诚意，针对不同的对象可能有不同的表现方式。关于这段话，我们首先要有这样的理解。

上面讲治国需要九条原则，接下来就讲为什么需要这九条原则，或者说，这九条原则会带来哪些好的结果、九条原则的意义。“修身则道立”，为什么要修身？修身关系到道，是立道的起点，没有修身，后面的一切都无从谈起。修身标示了治国平天下的方向。当然不是讲有了修身一切就迎刃而解了，如果是这样，我们就可以把这九条原则直接简化为一条修身了。修身只是一个为政的必要条件，但还不是充分的条件。治国没有修身绝对不行，你自己胡作非为、不守规矩，那别人肯定也不会去守这个规矩，上行下效嘛。但是，你修身了并不意味着，国家必然就会治理好。另一个方面，我们还要明白，虽然今天修身依然非常重要，但地位相比于宗法制社会是有所下降的，因为现在的社会不是以宗为法，而是以制度为法。“尊贤而不惑”，为什么要尊贤呢？“尊贤”，你就会明白做事的道理，明白怎样做是对的，怎样做是错的，就不会为如何做而困惑了。为什么呢？关键要体会这个“贤”字，通常我们都把贤人理解成一个好人、一个很有能力的人。但是我们更应该把贤人理解成一个善于批评敢于批评的人。善于批评，就是说他有批评的能力，能够抓住事物的要害。敢于批评，就是有胆量说出自己的批评，这样他就可以纠正君王可能犯的错误，让君王做他应该做的事情，君王就不会困惑了。这样就把意思贯通了，否则前面讲贤后面讲不惑，贤和不惑有什么关系呢？这个地方要注意，贤除了通常的含义之外，还有一个善于批评，敢于批评的意思。否则这个话就不好解释。“亲亲则诸父昆弟不怨”，诸父指的是长辈、和自己父亲一辈的人，叔父、伯父合在一起的称呼。“昆弟”指的是和自己一辈的人。王位只有一个，你的父亲做了君王，你的诸父就不能做君王了。但是在宗法制社会里面，这些诸父们是有很高社会地位的，在家族内部，他有着制约君王的能力。“昆弟”也是一样，你当了国君，你的兄弟尽管不能当国君，但是他们的地位也是非常高的，这些人的意见是举足轻重的。因此如果你想地位很稳固的话，那你必须获得“诸父昆弟”的支持，没有他们的支持，你的地位就不可能牢固，你所推行的政策就可能受到一定的阻挠。所以在古代宗法制的社会里，如何处理好家族内部的事务，那是至关重要的。那么应该如何对待这些人呢，让他们心里没有怨恨，乐于支持你呢？这就需要“亲亲”，换句话讲，就是爱你的亲人。处理亲人之间的关系，不能用行政手段，要用爱。家事和国事是不太一样的，在家事里面要用情。当然，古代的家事就是国事，做好家事最终是为了国事。这条原则今天看来不是特别合适了，但是在古代这是非常重要的原则，这是宗法制社会的特征。所谓宗法就是以宗为法，长者的话就是法，祖先的话就是法。

“敬大臣则不眩”，对大臣为什么要敬？按照道理来讲，大臣是君王任命的，地位是低于君王的，所以大臣应该处处服从君王。但如果仅仅这样理解的话，大臣就变成了君王统治的一个工具，他就没有了自己行为的独立性。所以，这里的这个“敬”字，实际上就是指君王要把任命的大臣当回事，你要敬重你所任命的人，要信任他，要给予他行动的独立性，这一条很重要。如果你任命他了，又怀疑贬低他，你这不是自相矛盾吗？你跟自己都无法交代，你自己都说服不了自己，所以你就会“眩”。“体群臣则士之报礼重”，前面讲大臣，这里又讲群臣，两者有什么区别呢？大臣指的是在君王身边的那几位高级官员，而“群臣”指的就是人数众多的下级官员。在臣里面要区分一下，有两种臣，不同的臣有不同的对待方式。“体”的意思有两种解释，一种是体恤，体恤群臣；另一种解释，把“体”理解成“当成自己的四体”，即要把群臣当作自己的四体来看待，这个理解也可以，无论哪一种解释都有爱护的意思。“士之报礼重”，士就是读书人，这些读书人都是下级官员的备选者，他们就会纷纷来到你的国家为你效力。“子庶民则百姓劝”，君王把百姓当作自己的儿女来看待，那么百姓也就会把君王当作父母来看待。父母对子女的爱是无条件的，子女对父母爱的报答也应该是无条件的。当然，这是个比喻的说法，君臣关系和父母子女的关系是很不一样的。

“来百工则财用足”，“百工”是工商业者。百工各自进行工作，然后用自己的产品进行交换，促进社会流通，增加社会财富。如果没有百工的话，大家都从事同一份工作，那生产出来的就是同一个产品，就会造成一种产品生产过剩，其他产品短缺，那就不是一个正常的社会，正常的社会需要百工。激励百工也就意味着让百工都努力做自己应该做的事情，然后用自己的劳动成果去互通有无，增加社会财富，所以“财运足”。“柔远人则四方归之”，“远人”指的是从他国过来的人，从远方来的人，这就涉及天下国际了。春秋战国的时候，各国之间人员的流动性特别大，那个时候有一句话叫“士无定主”，也就是说读书人没有固定的主人，读书人有为所有国君效力的一种可能性。那个时候的士可以去游说国君，提出自己的治国方略，如果游说成功，士人就替国君服务；如果不成功，那就换一个国家继续游说。所以，那个时候士人行动自由，很受尊重。这些士人平常没有什么事情，就是一起做做学问，谈谈国政。但他们的到来很重要，至少表明君王的一种态度、一种胸襟。战国时期形成了养士之风。当然，这并不表明当时的君王多么有仁德，有多么好，而是形式所迫，一旦对士人不好的话，所有的士人都不会来你的国家为你效力。所以，孟子当面指责齐宣王，齐宣王却是毕恭毕敬，并不是齐宣王对孟子有多好，而是当时的社会风气，他不得不如此。如果你尊敬士人，那四方的游士都会来归顺你，这就是吸引人才呀！“怀诸侯则天下畏之”，“怀”就是关怀安抚，也就是说不要炫耀武力，或者试图用武力去征服弱于自己的诸侯国，对于那些实力弱的诸侯国要安抚。那么安抚了，为什么会天下畏之？按照常理来讲，用武力去征服别人，才让别人害怕，别人才会畏惧你呀。但是《中庸》里的讲法完全不一样，《中庸》认为通过安抚而不是通过征服更能让诸侯敬畏，就是说，不是用你的强大让别人敬畏，而是用你的示弱让别人敬畏。“怀诸侯”和“畏”，看起来没有什么关系，但实际上两者的关系非常密切，因为你的这种示好、你的安抚让你得到了民心，让弱者感觉到和你是一家，就会自觉地跟着你，因为跟着你不是一种痛苦而是一种幸福，这让别的诸侯看着就会有一种敬畏。这就达到了战争的最高级的状态，“不战而屈人之兵”。所以对待诸侯国，你不能用武力去威胁，而是要去安抚，因为威胁必定会导致受你威胁的人起来反抗。

齐明盛服，非礼不动，所以修身也；去谗远色，贱货而贵德，所以劝贤也；尊其位，重其禄，同其好恶，所以劝亲亲也；官盛任使，所以劝大臣也；忠信重禄，所以劝士也；时使薄敛，所以劝百姓也；日省月试，既禀称事，所以劝百工也；送往迎来，嘉善而矜不能，所以柔远人也；继绝世，举废国，治乱持危，朝聘以时，厚往而薄来，所以怀诸侯也。

这段话是接着上面的意思来的，上面讲的是治国的九条原则，还有这九条原则的意义。这段话是讲怎样去落实这九条原则。原则有了，意义也有了，那接下来就是怎样落实了。“齐明盛服，非礼不动，所以修身也”，这是讲怎样去落实修身，这里指狭义的修身。从字面意义上来讲，“修身”就是约束自己、管住自己，使自己的行为符合规范。对于统治者来讲，他们有一种至高无上的权力，权力就会造成一种自我膨胀。所以，最不容易管住自己的人就是有权力的人，对于他们来讲，修身就显得特别重要，也特别难。因此，你就不能完全指望统治者个人自觉去修身，指望他个人的主观意识觉醒，这就需要有一个客观的规则去限制他。在某种意义上讲，这是一种被动的修身。“齐明盛服，非礼不动”，就是要求统治者接受外在的约束。祭祀活动其实是对人的一种约束，是对人的心灵的一种净化，它通过仪式来净化人，让人在仪式中感觉灵魂被彻底清洗过。所以在祭祀之前要有一些特定的仪式，要吃素、要沐浴，然后穿上特定的服装，让人在仪式中感觉今天像是变了一个人，变成一个崭新的自己，不再是平常生活中的自己。这时，人就体会到了一种神圣感、一种庄严感，在这样一种神圣和庄严的气氛里面，不知不觉地感到一种自我约束。这就是“非礼不动”了，不符合礼仪的事就不会去做了。所以，古人的各种祭祀活动，它里面都体现出来一种自我改造，自我升华的精神，让人自觉地去服从礼的规定。

“去谗远色，贱货而贵德，所以劝贤也”，“劝贤”该怎么做呢？具体地说有以下四个方面。第一个是“去谗”，“谗”就是背后说人坏话，搬弄是非的意思。那说谁的坏话呢？自然是说贤人的坏话，搬弄贤人的是非。一般说来谗者都是小人，小人肯定是要搬弄与自己对立者的是非，与小人对立的人就是贤人。贤人一身正气，小人要想得志，就必须除掉贤人。那么，君王要重用贤人就必须去谗。第二个是“远色”。“色”指女色，要远离女色。我们可以从两个方面理解，一个方面，君王一旦沉迷于女色，就有可能荒废朝政，这是最简单的一个说法。就如鲁君，孔子治理国政非常有一套，齐国人看见就非常着急，担心如果让鲁国继续发展下去，以后就会变成他们的一个强大对手。于是他们就想要把孔子赶下台，齐国人就使了一个美人计，给鲁国国君送去了很多美女，于是国君每天就歌舞升平地沉溺其中，孔子果然就上当了，愤然辞官，离开了鲁国。另一方面，“色”里面的确包含了一种爱，不是我们平常理解的一种纯粹的好色，而是有一种真情在里面。对于一个国君来讲，拥有真情，可能就会误导国政。国君和我们平常人不一样，国君拥有这样一种真爱会妨碍他的判断力，会使他不自觉地偏心，使他背离常理去做事，这就会误国。最著名的就是唐玄宗与杨贵妃的例子，两人的爱情可歌可泣，但是从政治上讲，它是一种不理智的状态。所以作为一个政治家，情爱会影响到他理性判断，这就是为什么要“远色”。第三个就是“贱货”，“贱货”就是要降低物质上的欲望，因为物质上的欲望也会导致判断上的失误。唯一正确的做法就是贵德，把德放在第一位，就能吸引有德人，那些有德人就会汇集在你的门下。这就是劝贤的几种方法。“尊其位，重其禄，同其好恶，所以劝亲亲也。”“亲亲”应该怎么做呢？“尊其位”，就是提高他的身份，给他很高的爵位。“重其禄”，提高他的俸禄。如果你不给他提供爵位俸禄，只是嘴里说“亲亲”，他是不会相信的。可见“亲亲”不仅是一种感情，也要有具体措施的，要让人在这种措施上感受到自己的重要性，感受到自己受到的尊重。这种措施既有物质上的，也有精神上的：精神上的，就是提高爵位；物质上的，就是提高俸禄。“同其好恶”，这一条就更难了。人的情感是自然发生的，不是能伪造的。不喜欢就是不喜欢，你没办法要自己跟着别人一块喜欢，喜欢就是喜欢，你也无法回避自己的喜欢。所以，一个人要绝对与他人同其所好，是特别困难的，几乎是做不到的。但是即便你做不到，至少也要尽量地让自己跟着他去喜欢，跟着他去不喜欢。所以，这个“同其好恶”要理解成尽量让自己同其所好，即使你不能真的同其所好，你也要表现得同其所好。这个表现不是虚伪，而是一种态度，表明你有意去做，表明你意识到自己有一种责任。“官盛任使，所以劝大臣也”，这是说给大臣配备很多的下属，足够让他去使用。这就好像你任命一个办公室主任，你要给他很多的编制，给他下属，足够他去使用。这是什么意思呢？按照我们通常的理解，任命一个官员，自然要给他很多下属，这不是一个常识吗？但是，为什么要把这个常识提出来呢？就像我们刚刚提到的，一个人有权力过后，就会被权力所左右，就会紧紧抓住权力不放。有人解释说官多了会增加开支，这样理解也可以，但是这样理解不是特别好。节省开支，可能有这个意思，但更有可能是害怕大权旁落。因为如果给大臣足够多的下属让他去使用的话，实际上就是给了大臣更多主宰下属的权力，这样等于扩大了大臣的权力，缩小君主的权力，君主就有权力旁落的危险，就感觉到不放心。给大臣的下属官员少，就意味着大臣的权力小，一个君王，一个最有权力的人，他最怕的是什么？最怕的就是自己的权力变小。“官盛任使”说明君王不害怕自己的权力变小，敢于放权给自己的大臣，这就是敬大臣。如果你一方面敬大臣，另一方面又不给大臣配任何的下属，这怎么能叫作敬大臣呢？所以，这不是一个经济问题，而是一个政治问题。

“忠信重禄，所以劝士也”，对于那些忠信的人一定要加以重赏。儒家一般很少将品行与利益放在一起说，儒家强调品行的纯粹性。这里把忠信与重禄联在一起，是一个很值得注意的提法，这是一种重视现实的思想，突出人的感性的需求，也为人追求忠信提供了一个感性的动力。“时使薄敛，所以劝百姓也”，按照时令去使唤百姓，减少税收。“时使”就是在农闲的时候去使用民众，这个也应该是一个常识，为什么会特意提出来呢？因为人有权力之后就不知天高地厚，就会做出一些违反常识的事情。一般人是会按照常识去行事的，但是人有权力之后，他就会违背常识，这是一个挺奇怪的事情。“薄敛”这更是一个常识，就是少收赋税，这涉及利益分配的问题，收入总量是确定的，君王收得越多，百姓的收入就越少。但是受利益驱使，君王都会多收，这就导致君王的利益和百姓的利益冲突。“日省月试，既禀称事，所以劝百工也”，对于“百工”应该怎样对待呢？有一个方法，就是“日省月试”，也就是每天都要检查，每个月都要考核。为什么要检查考核呢？因为百工生产出来的东西直接是一个产品，要进行流通使用。考核什么呢？一个是产品的质量，另一个是产品的数量，然后根据产品的质量和数量来决定报酬。通过所做的事，来决定所得的报酬，就像我们今天说的多劳多得啊。工作实行计件，否则总会有些人偷懒，总是一些人在做，一些人不做，同时又不能片面追求速度而忽视质量，所以要不断地检查考核。

“送往迎来”，很多游士来了又去了，游士来的时候，要高高兴兴地欢迎，走的时候要高高兴兴地欢送。来的时候欢迎容易，走的时候欢送难；来的时候欢迎是有所期待，走的时候期望落空容易人走茶凉。所以在送往迎来里面，送往就显得特别重要，把人高高兴兴送走特别重要，这体现出一个人的品行和心胸。尽管相互之间的政治合作关系没有达成，但毕竟有一段情义，生意不成情义在，不能让人走得很冷清。“嘉善而矜不能，所以柔远人也”，每一个来的人能力有强有弱，对于能力强的人要重用，这是一般人都能做到的。关键在“矜不能”上，对于那些能力弱的人，我们要“矜”，要同情，要怜悯，更重要的是要帮助，要帮助他渡过难关，要帮他走出这样一个生活的困境，至少要做到这一点。同时还要保护他做人的尊严，人在逆境中的时侯，尊严就会显得特别重要。所以，“矜”里面还有尊重他人人格的意思。“继绝世，举废国，治乱持危，朝聘以时，厚往而薄来，所以怀诸侯也。”春秋以前是一个贵族统治的社会，但是随着时代的变迁，一些贵族就慢慢没落掉了，也没有继承人了，“继绝世”就是让那些有世袭地位的大家族延续下来，给那些没落的贵族一个扶持。“举废国”，废国是指被灭亡了的国家。“举废国”就是要恢复那些被灭亡的国家，让它们重新建立起来。“继绝世，举废国”谈何容易，但无疑都表现了仁心、道义之心。“治乱持危”，治理祸乱，扶持危乱。“朝聘以时”，诸侯要定时朝见以维持统治秩序。“厚往而薄来”，来朝见的时候会带礼品，你不能让人家走的时候两手空空啊，而且人家走的时候，你给他的礼品要多于他带来的，这样他才会常来呀。君王平定天下靠道义、正义，不是靠武力，一个人能做符合道义正义的事情，人们心里就会自觉不自觉地倾向于他。得民心者得天下嘛！

凡为天下国家有九经，所以行之者一也。凡事豫则立，不豫则废。言前定则不跲，事前定则不困，行前定则不疚，道前定则不穷。在下位不获乎上，民不可得而治矣；获乎上有道：不信乎朋友，不获乎上矣；信乎朋友有道，不顺乎亲，不信乎朋友矣；顺乎亲有道；反诸身不诚，不顺乎亲矣；诚身有道，不明乎善，不诚乎身矣。

“凡为天下国家有九经，所以行之者一也。”治理国家有九条原则，能够实现这九条原则的是“一也”。这个“一也”是什么意思？好多人把它理解为真诚的诚。释“一”为“诚”，出于启下的考虑，《中庸》的后半部分主要讲诚。但这里似以承上为好，因此，这个“一”应当指中庸。实现九经靠的是中庸之道，前面讲的每条都是中庸之道，中庸之道还体现在下面。“凡事豫则立，不豫则废。言前定则不怯，事前定则不困，行前定则不疚，道前定则不穷。”“豫”就是提前做准备，具体体现为以下的四个“前定”。我们不管做什么，都要提前做好准备工作，这是做事的一个基本道理。我们前面讲过，凡是符合事物道理的，按照道理去做的，就是符合中庸。这个道理看起来也不是特别难以理解，为什么这个地方还要提出来？这里面有几个方面的考虑。一个方面，我们通常并不认为，我们的这个准备会得到相应的结果。生活经验告诉我们，这个世界特别复杂，有的时候你准备了，可能没有结果，有的时候，好像没准备，却突然有一种惊喜。这个世界充满太多偶然性，那我们就会怀疑我们的准备是否特别有意义。比如，念书是生活的一个准备，但有很多人没读书也生活得很好，这个世界并不是严格按照因果逻辑来的。另一方面，想准备，可是不知道怎么样去准备，或者说，不知道朝哪儿准备。大诗人陆游的儿子每天练习写诗，可是他觉得很奇怪，他每天琢磨诗词格律，为什么诗一直写得不如父亲好？他就去询问他的父亲，他的父亲讲了一句非常好的话，说“功夫在诗外”。你不在生活中准备，每天在书房里准备，其实就是将最应该准备的东西忘掉了。所以，按照道理去做，这才是真正的“豫”。如果“豫”的作用没有在生活中得到印证，这不是道理不对，而是你对道理的理解有误，“豫则立不豫则废”这个道理肯定是对的，如果你没有感觉到这个道理的正确性，是因为你对“豫”的理解有问题，你“豫”错对象了，你该豫的没有豫，不该豫的豫了。

“在下位不获乎上，民不可得而治矣；获乎上有道，不信乎朋友，不获乎上矣；信乎朋友有道：不顺乎亲，不信乎朋友矣；顺乎亲有道；反诸身不诚，不顺乎亲矣；诚身有道，不明乎善，不诚乎身矣。”这段话《孟子》里面也有，文字相差很小，到底是谁抄谁的，谁先谁后，学术界的意见不太统一，我更倾向于“《孟子》在前，《中庸》在后”这样的说法。这段话里面，我们要注意它的表达方法，它不是通过肯定的方式来表达，而是通过否定的方式来表达，这种表达方式有什么好处呢？我们先看一下肯定表达方式所带来的问题，才能理解否定表达方式的好处。如果我们把否定词去掉，改为一种肯定表达方式的话，就能从“明善”直接推出“获乎上”。每个关系当中前一项都是后一项的充分必要条件，这就意味着只要你具备了第一项，根据充分必要条件，就能推出来后面的各项。中间的各项只是一个工具，看起来名目繁多，但是毫无意义。这就是肯定表达的缺点，这就把一个复杂的问题简单化，简单化成“明乎诚”了。而否定表达就是把一个充分必要条件，改为必要但非充分条件。“获乎上有道，不信乎朋友，不获乎上也”，获得朋友的信任是获得上级信任的必要条件，但是不是获得朋友的信任就一定能获得上级的信任呢？不一定，因为获得上级的信任，还需要一些其他条件，这样就不能直接从获得朋友的信任推出获得上级的信任。这便使一个复杂关系恢复到它本来的面貌，也就是说恢复到它的复杂性，这就接近于生活的本来面目，所以否定式表达就比肯定式表达更好。我们还要搞清一个问题，那就是这样一个否定的表述实际上是基于一个前提，什么样的前提呢？每一组关系都是由两个方面构成的，比如，“获乎上”讲的是上下级关系，从实际来看，能不能与上级搞好关系，问题不总是出现在下级身上，也有可能出现在上级身上，如果问题出在上级身上，这样就不存在“获乎上有道”的情况。因为上级本身是不对的，我怎么做都没办法做好。所以只有假设上级总是对的，这样才有“获乎上有道”的问题。所以，这里就要搞清这样一个问题。朋友之间也是这样，朋友间的信任是双方的，得不到朋友的信任，既有我的问题，也有朋友的问题，但这里的朋友关系中必须假设朋友是对的，我可能是错的。父母与子女之间的关系也是假设父母是对的，子女可能是错的，这样子女才需要反思自己。在诚身里面，也要假定我是错的，才要“明乎善”。可见，在这个推理里面，必须假设我总是错的一方，对方总是正确的一方，如果我可能是对的，对方可能是错的，这个推理就没办法进行了。事实上，每个人都有多重身份，既是上级，又是下级，既是子女，也是父母，人该如何定位自己的身份呢？为什么总是子女在反思、下级在反思呢？为什么成为父母、成为上级就不要反思呢？反思与人的身份有关？这些都是问题。

接下来，我们要进一步思考“不信乎朋友，不获乎上”这个必要条件是不是成立，前一项和后一项是不是构成必要条件关系？儒家讲君臣有义、夫妇有别、朋友有信、父子有亲，就是承认不同的关系有不同的德行要求。儒家还提出一个重要命题“爱有差等”，认为爱是有差别有等级的。孟子讲“亲亲而仁民，仁民而爱物”，“亲亲”是第一，你做不到“亲亲”，你怎么能“仁民”呢？你“仁民”都做不到，你怎么能做到“爱物”呢？他以为这里面有一个必然的逻辑关系。儒家考察人的时候，就是按照这种逻辑的。考察一个人特别难，为什么？因为人是不透明的。那怎么来判断一个人呢？一般都是借助于人的关系来判断人的，借助什么样的关系判断最好呢？肯定要借助一个更亲近的人来判断，看你是怎么对待他的，如果你对更亲的人都不好，那就不可能对我好了。和你交朋友的人就要想，怎么能保证你对我好啊，那就看看跟你更亲密的人，你是怎么对待他的。比朋友更亲密的人是谁啊，那就是父母。我看看你是怎么对待父母的，大概就能判断出你是什么样的人，我要不要和你做朋友。父母如何判断你会对他们好呢？父母首先就要看看你对自己好不好，因为相比于父母，你对自己更亲。就这么一步一步往前推，那么这个推理合理吗？

就通常的意义上讲，应该是有一定的道理。如果我们跟关系密切的人，关系都处理不好的话，是不会对关系疏远的人好的。这个作为一个常理也是说得通的，而且通常我们也是这样做的。但是我们要了解，这里的这种表达方式是以严格的逻辑推理形式出现的，因此这种推理应该是普遍有效的，是没有任何人能够例外的。但是不是这个样子呢？是不是你关系密切的人，你对他不好的话，就一定会对关系疏远的人不好呢？情况可能比较复杂。因为越是亲近的关系，我们对他的要求可能就越高，对他也就有了更多的期待，一旦这种期待未能如愿，就有可能滋生出来一种怨恨。本来是一种很好的关系，最终可能变成一种很坏的关系。而一种疏远的关系，正因为关系疏远，我们对他的期待值低，结果互相之间的关系反而会处理得特别好。所以，我们会发现，有时候亲人之间的关系还不如朋友之间的关系，所以，《中庸》的这个推理不是很严密。

要注意的就是“诚”字，因为从此处开始，《中庸》的主旨好像有所偏离。前面讨论“中庸”，后面讨论“诚”，因此有人认为《中庸》有两个主题，一个是中庸的主题，另一个是诚的主题。那应该如何看待呢？实际上《中庸》的这两个主题之间是有一种内在联系的，当然也有许多人认为是没有联系的，但我认为是有联系的。是什么样的联系呢？个人觉得可以用中国古代哲学的一对概念来说明，用“体”和“用”关系来说明中庸与诚的关系。那么，哪一个是“体”？哪一个是“用”？个人觉得诚应该讲的是“体”，中庸讲的是“用”。也就是说从这一章开始，《中庸》从对“用”的一种阐述转向对“体”的一种阐述。我们为什么能够中庸呢？前面一直在“用”上做文章，现在要在“体”上做文章，也就是我们要获得中庸的话，我们要研究中庸背后的东西。中庸背后的东西是什么呢？是诚。也就是说要达到中庸，就要进入到诚。只有内心诚了，才能达到中庸，内心不诚，就达不到中庸。所以，看起来是主题发生变化了，但实际上，应该是主旨的深化。

诚者，天之道也；诚之者，人之道也。诚者不勉而中，不思而得，从容中道，圣人也。诚之者，择善而固执之者也。博学之，审问之，慎思之，明辨之，笃行之。有弗学，学之弗能弗措也；有弗问，问之弗知弗措也；有弗思，思之弗得弗措也；有弗辨，辨之弗明弗措也；有弗行，行之弗笃弗措也；人一能之己百之，人十能之己千之。果能此道矣，虽愚必明，虽柔必强。

“诚者，天之道也。诚之者，人之道也”，“诚”是天道，天道就是事物本来的样子，也是事物应该有的样子，是事物原本的真相，这里面没有任何虚假的成分。但天道究竟是什么样子，没有人能说得清。尽管说不清，也不妨碍人们相信天道的存在，并一直试图说这个说不清的天道。“诚之者”就是要回到原来的样子，这是人应该做的。言下之意，就是人道不同于天道，人道一开始就背离了天道，人一生的努力就是要回到天道，回到本心、真心，努力使自己的行为符合天道。人道一开始就有背离天道的倾向，这就与人的特性有关了，人能够背离天道，人如果不背离就不用回归了。但不能把背离理解为人的一种堕落，背离是人特有的一种存在方式，是人存在的一种特性，因为有这样一种特性，人才能回到天道，这恰好体现为人的伟大。人的伟大就在于，在背离当中能够努力回归。

“诚者，不勉而中，不思而得，从容中道，圣人也”，宋明理学家经常引用这几句话。一个人诚了就自然而然地中了，这里就能看出诚和中道之间的关系了，你能达到绝对的诚，你在行为上、在做人做事上就自然而然地达到中道，这是做人做事的最高境界。在诚和中之间没有任何中介，不需要勉力，不需要思考，诚自然就达到中。这是对诚之体的表述，它是人努力的一个方向，一个目标。对人而言，只有圣人才能做到这样，圣人离诚也还是有差距的，但可以说是接近于诚了。

“诚之者，择善而固执之者也”，这就是普通人应该做的了。想要回到诚，首先要“择善”，就是要选择善。择善不仅仅要在善恶当中选择善，还要在善中选择最善，善的价值是不一样的，有的善价值比较低，有的善价值特别高。择善比较复杂，善不是现成的，一个行为是否是善的，善到什么程度还需要去判断。判断水平低的话，就有可能择的不是善，或者择的不是最有价值的善，甚至还会抛弃善。比如“良药苦口利于病，忠言逆耳利于行”，苦口的药吃的时候是很难受的，忠言听起来很刺耳，但是它们都是真正的善。所以，择善不是我们想的那样简单。一切善最终都是有利于人的生存，有利于人的生命增长，并能够实现生命价值的。如果一种善最终让人丧失了生命，那就不是最高的善。其次是要“固执之”，选择了善并非一劳永逸，还要把它守住。因为人受到外在的诱惑，还有可能放弃这个善。正因为可能放弃，才要强调固执，强调不要放弃。讲“诚之者”，就意味着我们离开了诚，经常处在不诚的状态，因为在不诚之中，我们才会向往诚，力求回到诚当中。我们对诚的向往，想要成为诚，这本身也是诚的一个表现。我们在这里会发现，人的自我是不统一的，人有两个我，如果只有一个我，就不存在悖离与回归了。人有两个我，一个是不诚的我，一个是诚的我，不诚的我要面对诚的我，向诚的我回归，这就是我们常讲的人要面对自己。但人面对的那个我不是现实当中的我，而是我的可能性，那个真实的我在不断地寻找当中，不断地寻找正好体现了诚。所以，对人而言，诚是一个不断寻找的过程，不断实现的过程。

人通向诚要有一些具体的做法，这就是博学、审问、慎思、明辨、笃行。人想要诚、想要回到事物本来的样子，这是非常难的。每个人都生在一个特定环境当中，每个人都有自己特定的人生经验，这个经验不是个人能够选择的，相反，人只能被经验所塑造，时间久了，你就会被你的人生经验塑造成今天这个样子，你就会用你的人生经验去判断外部世界，而且在判断时还充满着自信，认为这就是真理。但是这些经验既塑造了人，同时也限制了人，使人陷入一种偏见当中，却还不知道这是偏见，以为自己看到的世界就是原本的世界，但实际上和原本的世界相差甚远。怎样克服这种偏见呢？首先就要“博学之”，通过你的博学，你会发现每个人都有自己的经验，你的经验只是有限的经验，你的世界只是有限的世界。因此，博学是克服偏见的最好方式，没有人想犯错误，人犯错误都是因为无知和偏见。人要想回到世界本来的样子，首先就要博学，要读万卷书，行万里路，要进入他人的生活方式，去体验他人的生活方式，理解他人生活方式的合理性，最终达成与他人的沟通。一个博学的人就是通过这样的方式理解世界的。“审问之”，审问就是要仔细地问，人再博学，也有不知道的东西，经验再丰富也是有限的。所以，学之后还要问，提问是一种深度的学，能提出问题，至少表明你对这个问题很关注，也做过深入的思考，否则让你问，你也不知道该怎么问。孔子最好的学生都是那些提问多的学生，《论语》这部书就是师生问答的语录结集，可见问的重要了。“慎思之”，问完之后还要思，学和问得到的都是知识，学得越多，问得越多，知识就越多，这就会面临一个问题，知识之间有什么关联呢，能不能把他们串起来呢？必须找到贯穿其中的那个道理，面对一堆零散的知识，知识越多，人反而越糊涂，人会在知识的海洋里被知识淹死。把知识比作珍珠的话，思索就是把珍珠串成项链，因此必须思考。接下来就是“明辨之”，每一个事物里面都蕴含着许许多多的道理，这些道理之间有时会相互冲突，这时候就要明辨，辨别道理之间的关系，道理适用的范围，这些道理中哪些是大道理，哪些是小道理，哪些是贯穿其中的总道理，这时候就要明辨。接下来要“笃行之”，这体现了儒家的特色，儒家认为，掌握再多的道理若不能切实践行这些道理，都是没有意义的，“笃行”才是最终的目的，这是从理论到实践的一个重大转折，懂得其中的道理很难，落实其中的道理就更难了。

“有弗学，学之弗能弗措也；有弗问，问之弗知弗措也；有弗思，思之弗得弗措也；有弗辨，辨之弗明弗措也；有弗行，行之弗笃弗措也”，严格地说，每个人都在学、问、思、辨、行，但学、问、思、辨、行有个程度问题，人和人的差别其实就是个程度的差别。需要提醒的是，日常生活中，人的能力差异，是先天存在的，也无法消除的，但这里学、问、思、辨、行的最终指向是诚，是通过努力都能做到的，所以才有“弗能弗措”“弗知弗措”“弗得弗措”“弗明弗措”“弗笃弗措”的要求。不达到最终目的不罢休，这体现了人的德行和意志力，要做就一定要把它做好。接下来进一步强调如何把它做好。

“人一能之己百之，人十能之己千之”，这个“能”是在哪里能？是在诚这方面“能”，在诚上面大家是能做到的，不是在做一件具体的事情上。“能”表现为自我努力的决心，一个人能有这种决心，能去努力，这就行了，不要太在意能走多远。

“果能此道矣，虽愚必明，虽柔必强”，这是通向诚的道路，一旦自己变得诚了，做事就符合中庸了，这样，一个愚笨的人也会变得聪明，一个柔弱的人也会变得强大。诚是世界本来的样子，也就是公正无私的样子，你很诚，你和诚合到一起了，就是和事物的道理融为一体了，这时候保护你的就是那些道理，因此你的强就来自这些道理，是道理的强大，然后显得你也变得强大了。

第二十一章

自诚明，谓之性；自明诚，谓之教。诚则明矣，明则诚矣。

“自诚明，谓之性；自明诚，谓之教”，这是经常被人引用的一句话。“自”就是从、由的意思，由诚明白了中庸之道，这就叫作性。内心已经具备了诚，就能直接明白中道，这就是出自诚的一种本性。由中庸之道出发，最后达到诚，这就是教。在做人做事当中磨炼自己，通过这种方法也可以达到诚，这就是教化。这是在实践经验当中去摸索，这里既有成功的经验，也有失败的经验，失败的经验可能对一个人更有教育意义。我们一般很少去反思成功，更多去反思失败，失败的经验更容易让人反思，在“自明诚”中，我们更应该重视那些失败的经验，也就是背离中道而失败的经验，让人避免下次失败。

“诚则明矣，明则诚矣”，你只要诚了，也就明白中庸之道了，你明白了中庸之道，也就明白了什么是诚。这个诚相当于体，中道相当于用。“诚则明”就是说，你知道体也就知道了用，“明则诚”也就是说你知道了用，最终也会通向体。因此，人们可以从两个方面下功夫，一种是从体上下功夫，一种是从用上下功夫，从体上下功夫那是“自诚明”，从用上下功夫那是“自明诚”。中国人讲体用合一、体用无间，从哪个方面下功夫都可以，但是落实到具体的人身上，还是应该有选择的。怎么选择呢？从体上下功夫往往都是有慧根的那些人，这些人不需要通过用，直接就深入到体了。这些有慧根的人，在生活中特别少，一般人没有那样的悟性，都是从用入手，通过用去悟那个体，从“自明诚”入手，最后“明则诚”矣。这两种不同的悟道方式，在禅宗中也有体现，禅宗一派讲顿悟，一派讲渐悟，跟此处很相似。其实，儒家内部也有这样的分歧，程朱理学讲渐悟，从用上下功夫通达体；陆王心学讲顿悟，直接深入到体，由体到用；到底哪一个是正确的呢？其实都对，一个是对有慧根的人来讲的，一个是对普通人来讲的。

第二十二章

唯天下至诚，为能尽其性；能尽其性，则能尽人之性；能尽人之性，则能尽物之性；能尽物之性，则可以赞天地之化育；可以赞天地之化育，则可以与天地参矣。

这是我们耳熟能详的一段话，这段话是针对最高境界的人来讲的，达到最高境界的人毕竟特别少。至诚是一种理想的境界，一个人达到至诚是什么样子呢？表述的方式是各种各样的，就如第二十章讲的“不勉而中，不思而得，从容中道”，这是讲天下至诚的，讲得特别玄妙，让人难得要领。这里讲得更具有逻辑性，更接地气。这段话的意思和第二十章所讲的意思在本质上是一样的，只是表述不一样，前文所讲的更抽象，这里更具体一些。

“唯天下至诚，为能尽其性”，至诚之人首先能尽其性，能够穷尽他的所有可能性，穷尽一个人所有的可能性，人就会回到他本来的样子。这个“性”是指人的所有可能性，一般讲“性”都容易偏向一边，把人的可能性又做了一个区分，有一些叫作性，有一些不叫作性。孟子就把仁义礼智称作性，认为吃喝玩乐不是性，这就是把人的可能性做了一个区分。孟子认为吃喝玩乐不是性，是因为如果强调这是性，有人就会借此堕落；如果说仁义礼智不是性，人就会胡作非为了。但是这里说的是至诚之人，就不能按照孟子的思想去理解性了，至诚之人不可能停止追求仁义礼智，至诚之人肯定能很好地处理“仁义礼智”和“吃喝玩乐”之间的关系，否则他就不叫至诚之人了。这样，

“尽其性”的人就是一个很完美的人，一个有自我的人，一个丰富多彩的人。换句话讲，至诚之人，做什么事都是对的。

“能尽其性，则能尽人之性”，一个人在尽自己的性时，就有可能妨碍其他人尽性，这就会把自己尽性与他人尽性变成一个对立的关系。对一般人而言，这样理解可能是对的，但对至诚之人而言，这样理解是不对的。至诚之人尽其性时，必须也要让他人尽其性。因为每个人都不能够独立生存，人天然地生活在人群当中，在人群中，大家不是彼此否定，而是彼此肯定，在尽自己之性的同时也要让他人尽自己的性，这才是对的。你在尽自己性的时候，如果没有让他人尽性，那他人就会成为你尽性的一个负担或障碍，结果就是你也没有完全尽性。一个人完全尽性，就意味着把他人容纳到自己的世界当中，否则都不叫尽性。只有尽人之性，你才能尽自己之性，你的性和别人的性是共融的关系。当你无限扩张自己性的时候，反过来别人也会阻止你尽自己的性，当你不让他人尽性时，你自己也无法尽性。尽性还有一个意思是让每个人都成为自己，每个人都成为自己了，从消极的意义上讲，就不会成为他人的拖累了。尽自己之性和尽他人之性是互补的。

“能尽人之性，则能尽物之性”，“尽人之性”和“尽物之性”有什么关联呢？什么是“物之性”呢？“尽物之性”就是让物成为它自己。物在进入人的关系之前，不存在它是不是它自己的问题，它一直就在那儿。物在进入人的关系之后，才有它是它自己、它不是它自己的问题。说到底，“尽物之性”是人对物的意识的产物，是人对物的一种态度。人对物的态度不是任意的，它关系到人的生存，当人把“尽物之性”理解为万物为我所用时，就把自己当作万物的核心，万物就失去了它的独立性了，人就会毫无顾忌地破坏万物。当人把“尽物之性”理解为物是它自己时，就是意识到了人和万物的一种共存关系，没有万物的存在就没有人的存在，人只是万物中的一个。建立在这种共存的关系之上，当万物为人所用时，人的心态就变了，把万物当作人的朋友，是朋友牺牲了自己来帮助人，这时候人利用万物时就会有一种感激之情。至诚之人把他人当作一个人，把它物当作一个物，不会把他人和万物当作自己所使用的一个工具，这时人利用万物时就会心存感激，就会有一个节制了。另外，万物存在的时间比人存在的时间要长久得多，万物是自然演化的一个结果，如果随意改变就会出问题，《中庸》里体现出了非常重要的儒家生态思想。

“能尽物之性，则可以赞天地之化育；可以赞天地之化育，则可以与天地参矣”，“赞”就是帮助的意思，尽物之性就是帮助天地化育万物，人顺从了天地，才能帮助天地，如果你的所作所为是对抗天地的，就不可能去帮助天地了。人怎么可以和天地并列呢？关键就在于你如何处理和天地之间的关系，帮助天地化育万物，这时候天地也会帮助你，你便能与天地并列；如果你要伤害天地，天地也会伤害你，这时你就变成天地的敌人了。

以上讲的都是最高境界，是至诚之人应该做的，也是世界原本的样子，但是在现实当中，我们没有做到这样，还需要不断努力，争取做一个至诚之人。

第二十三章

其次致曲，曲能有诚，诚则形，形则著，著则明，明则动，动则变，变则化，唯天下至诚为能化。

“其次致曲”，这是接着上面讲的，上面讲的是至诚之人，比至诚之人低一个层次的是一般的人。“致”是致力于，“曲”是某一个方面，或者是某一个具体的事情。这句话的意思就是，我们普通人往往致力于事物的某一个方面。至诚之人致力于事物的方方面面，一般人只能进入到事物的一个方面，一般人受到经验的局限，只能从身边的小事入手，然后渐渐地去做大事情。“曲能有诚”，为什么“曲”里面有“诚”呢？因为诚对圣人来讲，是全体、大用，曲是全体的一小部分，这个小部分里面如果没有诚的话，那么，由这个小部分所构成的整体里面，也就不可能有诚了。所以，我们说这个世界上到处都有诚，每一个小的事物里面也有诚。我们在曲这个地方下功夫，最终也能达到诚。“诚则形”，“诚”是内在的，是看不见摸不着的。这个“诚”就是自己面对自己，是心本来应该有的样子，但什么是心应该有的样子呢？其实很难说清楚。在一个时空里面，我们所认为的应该有的样子换一个时空可能就不是应该有的样子，所以这个应该有的样子是在不断变化的。因此，我们很难说哪一个是应该有的样子。但是，如果这个应该有的样子，我们丝毫不能够去捕捉的话，那诚就有可能变得非常神秘，人们因为这种神秘就可能放弃诚。所以，内在的诚应该有外在的表现，要让人能看到内在的诚，要把内在的诚转化为外在的形，这个形就体现为中庸之道，这个中庸之道又体现为人的判断能力。那么，你这个判断力好不好呢？取决于你的判断力能不能产生好的效果，这个好的效果就是诚所体现的形。这样，诚就是一个可感知的对象了。诚就相当于体，体是看不见的，要通过用来察觉，诚和形是体用关系，你通过诚来表现出你的形，反过来我们通过你的形来推测你心中的诚。“形则著”，“形”有一个由低到高的发展过程，它不仅是一个质的概念，还是一个量的概念，随着内心的诚不断增加，外在的形就越来越显著。诚的量很小的时候，外在表现不明显，人还看不见；随着内心诚的增加，外在的形也在显著增大，最后就能够被人看得见。

“著则明”，“明”比“著”提高了一个层次。“著”只是摆在那里让人能看得见，“明”不仅仅是摆在那个地方，同时还是一个发光体，能够照亮别人。“著”是被动地摆在那个地方让你看，“明”带有主动性，它引导你去看，让你不得不去看。所以，明具有照亮万物的特征，影响力非常巨大。“明则动”，明会去感动别人，万物在光的照耀之下发生变化，当然这个变化是往好的方面转化。“动则变”，不断地感动最终就会改变一个事物，让一个事物发生质的改变。“变则化”，我们通常把“变”和“化”组成一个词——变化，实际上“变”和“化”是有区别的，“变”是事物发生剧烈的改变。“化”就不一样，“化”是“润物细无声”。“化”的境界就是改变了一个对象，却不会让这个对象感觉到有任何的改变。有一个词叫“教化”，“教”也是一种化，就是潜移默化，不知不觉地让人改变。“化”是不经意中产生的最好效果，人内心的诚达到极致的时候，外在的体现就是化。这几句话就是讲，随着人内在的诚不断增加，人外在的表现也在不断发生变化。开始仅仅是一点点形，然后形变得明显，而后影响他人，接着感动他人，最后去改变他人，并让他人在不知不觉当中发生改变。到了化的境界，就达到最高境界了。这是讲普通人追求诚的心路历程。“唯天下至诚为能化”，内在的至诚，才能达到外在化的境界。这里面我们还要思考一个问题：人在现实中能不能达到至诚？这个恐怕很难。人能不能达到至诚的状态，跟人能不能成为圣人是同一个问题，甚至比成为圣人还难，因为圣人也不能说达到至诚了。这与人性有关，人在追求至诚的境界时，也表明了一个问题——人不在至诚之中。因为不在至诚中，才去追求至诚，当人已经达到至诚，就等于失去了追求诚的可能性了。各种宗教都有戒律，规定人不能做什么，这个规定本身就预设了人的一种自由，也就是说人可以突破戒律，如果人绝对不能突破戒律，也就不必有戒律了。自由是人的一个特性，人在不断地追求诚时，也就意味着人在不诚当中。反过来讲，正因为人在不诚当中，人才可以去追求诚。人达到至诚了也就无所谓诚不诚了，这个问题就不存在了。所以，人只要活着，诚就永远是一个问题，至诚只能理解为诚的理想状态，对人来说是不可能实现的，只能当作一种境界。

第二十四章

至诚之道，可以前知。国家将兴，必有祯祥；国家将亡，必有妖孽；见乎蓍龟，动乎四体。祸福将至：善，必先知之；不善，必先知之。故至诚如神。

这段话里有很多让人误解的地方。“至诚之道，可以前知。”这句话表面意思是，达到至诚的人可以预知未来，至诚具有预测未来的特性。这句话让人觉得似乎具有迷信的色彩。我们应该怎么理解呢？“至诚”是心的本来面目，以心的本来面目，才能够看得清事物的本来面目，事物的本来面目就是事物固有的道理。“至诚”与佛家的“慧”相近，一个特别有慧根的人才能够看到事物的真相。这类似于道家讲的“无我”，一个人到了“无我”的状态也就到了“无为”的状态了，也就能看到事物的真相。那么这些人一般有什么特点呢？他们不会受到主观偏见的干扰，也不带有任何的个人利益去看待事物。以我的眼睛看世界，看到的就不是一个原本的世界，而是具有我的色彩的世界。但至诚的人，他是以天眼看世界，所以他看到的是真相，这个真相就是事物本该有的道理。人看到事物真相的时候，就能预测未来。所以，在至诚之人的眼里，世界是透明的，万物的道理清楚地摆在那里，按照道理去推测万物，“前知”就一点也不神秘了，也就没有任何迷信的色彩了。这句话准确地理解应该是，一个掌握事物道理的人，是能预测未来的。但是，对于一个不懂得事物道理的人，他就有可能把“前知”理解为迷信。对于三国时期的政治家、军事家诸葛亮来讲，借东风是按照道理预测出来的；对于不懂得这个道理的人，他们觉得借东风这个事情不可思议。

“国家将兴，必有祯祥；国家将亡，必有妖孽”，国家将要兴盛的时候肯定有“祯祥”，“祯祥”就是吉兆的意思，但这里应该理解为事物的道理。一个国家将要兴盛的时候，它必定是按照事物的道理来治理的，这句话没有一点神秘的意思。“国家将亡，必有妖孽”，国家要灭亡的时候就会出现“妖孽”，这个“妖孽”怎么理解呢？要理解为不符合事物的道理，也就是说国家将要灭亡的时候，会出现许多不符合事物道理的事。秦始皇“焚书坑儒”就是秦国将要灭亡的征兆，把持不同意见的人杀掉，把古代的典籍都烧掉，就是违背事物的道理。这样的国家不灭亡，天理不容。由此可知，“祯祥”是顺着道理去做，“妖孽”是违背道理去做。

“见乎蓍龟，动乎四体。”这句话怎么解释呢？古人在做重大的抉择之前都要占卜，来确定能不能这样做。“蓍”和“龟”是古人占卜所用的工具，通过蓍草、龟甲来决定可不可以做事。这听起来好像不可思议！在今天看起来很可笑，但古人把这件事看得特别认真。怎么解释古人的这种行为呢？这里面我们要理解，占卜不是当事人自己进行的，而是有专门从事占卜的人——巫。古代的巫和史是一样的人，是通晓天文地理的人，由他们解释占卜的结果，通过他们把神的意志说出来，换句话讲，他们借助神灵来说出自己的判断。所以，占卜活动看起来是一个迷信活动，但实际上是非常理性的活动，君王借助神灵来决定自己的行为，但是这个神灵的意志是被巫解释出来的。这里面的关键因素是巫的解释，这些人本身特别有智慧，甚至可以说他们掌握了一定的至诚之道，也就是说，他们能够看到事物的真相和道理。所以，占卜不过是个形式，实际上是增加巫说话的分量，通过占卜这样的形式把事情的性质转变过来了。所以，每一次占卜等于是询问有至诚之道的人，让他来判断事情可行不可行。这样一来，这句话就很容易理解了，这实际上是通过仪式来限制君王的乱作为。“动乎四体”，从人的行为举止也能够发现事物的道理。人的行为举止会暴露人内心的想法，人的行为不合理的话就可能会举止失常，人的行为合理的话就感觉特别从容。

“祸福将至：善，必先知之；不善，必先知之。”这句话和前面“国家将兴，必有祯祥；国家将亡，必有妖孽”是一个意思，不同之处在于，前面谈的是国家，针对的是统治者，这里讲的“祸福”是针对所有人而言的。每一个人都有祸福。所谓“善”就是按照道理去做事，“不善”就是不按照道理去做事。最后结论出来了，“故至诚如神”。一个人达到至诚的时候，他就能预测了。那普通人没有达到至诚之道，能不能预测呢？也是可以预测的。尽管普通人没有达到至诚，但是在不断地追求诚，至少可以部分地预测未来。他们预测的深度和广度可能不如至诚之人，但是毕竟还是可以做出预测的。

第二十五章

诚者自成也，而道自道也。诚者物之终始，不诚无物。是故君子诚之为贵。诚者非自成己而已也，所以成物也。成己，仁也；成物，知也。性之德也，合外内之道也，故时措之宜也。

“诚者自成也，而道自道也。”诚要依靠自我完成，也就是说诚不是一种外在的强迫，它来自我们内在的选择。所以，一个人诚还是不诚完全取决于自己，与他人无关。因此，你要是不诚的话，不能把责任推给别人。“诚”直指事物的真相，你只要面对事物的真相就行了，不要回避真相。所以，人的诚是一个不断自我面对的过程，这个自我面对和人的决心有关，只要你决心去面对真相的话，真相其实就在你的眼前。面对真相不是不能的问题，而是不为的问题。“而道自道也”，第一个“道”是道路的意思，“自道”是自己引导。道路就摆在那个地方，到底走哪一条呢？这完全由你自己决定。用这样一个例子来升华一下前面讲的道理。“诚者物之终始，不诚无物”，这个“诚者”一般理解为物之诚，也就是说这个物从存在开始到它的结束，始终保持着内在的诚，就是始终保持它自己。“不诚无物”是从否定的方面再来强调一下，如果这个物不是它自己的话，它就不会存在了。这种解释方式把诚看作物的诚，单就这句话本身来讲，这种解释是合理的，但是这种解释缺乏意义。为什么呢？因为物本身就是诚，它就是它自己，它既没有欺骗谁也没有掩盖什么。如果一定说物有诚的话，就没有表现出什么特别的深意。换句话讲，物只能在诚的状态当中，它不能不诚，也就无所谓诚了。这里的“诚”，最好理解为人的诚与物的关系。人的诚构成了物的存在，使物成为那个物。当人诚的时候，那个物才开始是那个物；当人不诚的时候，那个物就不是它自己了。表面看来，诚似乎和物成为物是没有关系的，无论人诚不诚，物都在那个地方，那人的诚怎么和物构成一种关系呢？这里，“诚”使这个物成为一个物，是指人能够把这个物当作它自己。在没有人以前，这个物无所谓是不是它自己，这个物是不是它自己是由人来判断的。由于人的存在，人对物产生了一种态度，人既可以把这个物看作为我所用的物，也可以看作能够独立存在的一个物。这样一来，人至少有两种方式对待这个物了，人可以把物看作为我所用的，但也可以把物看作它自己，然后才为我所用。当人以自己为中心，把万物看作为我所用的时候，物就没有独立性了，人就会对物肆意妄为，意识到物的自身独立性是非常重要的。物和人一开始是没有关系的，树是树自己，人是人自己，彼此之间是没有关系的。后来人发现，树可以为我所用，树可以砍掉做家具。树，尽管可以为人所用，但是人不能说它就是为人所用。树先是它自己，然后才是为我所用，这样的话，砍树的时候心里的感觉就会不一样，就会感激被砍的树。因此“不诚无物”不是说不诚那个物就不存在了，而是说不诚，那个物就没有自己的独立性了，就导致人放纵自己的行为，就把物与人的并列关系变成了从属关系。所以，人对万物要保护、守护、关爱。

“是故君子诚之为贵。”再一次证明了诚不是物的诚，而是指人的诚。所以君子一定要诚，一定要按照事物的道理去做事。“诚者非自成己而已也，所以成物也。”“诚者”首先是自我成就，这没有问题。但是《中庸》特别强调，我们要超越这样的想法，要从“成己”扩展为“成物”，如果“成己”不“成物”的话就造成人和物的分离，人和生存的环境分离，最后人也成不了自己。所以，“成己”的同时要“成物”，人不能独立存在，人与万物一定要建立和谐的关系。反过来讲，“成物”也是为了更好地“成己”。“成己，仁也；成物，知也。”“成己”是仁，这个“仁”和孔子讲的仁有点不一样，孔子讲仁是对他人的爱，这里讲成为自己也是仁。什么是成为自己呢？成为自己就是自由，这等于把自由也变成了仁的一个内涵。仁的含义就扩大了。“成物”和“成己”不太一样，“成物”需要智慧，智慧有两种：把物变成为我所用的物，这是一个小智慧；意识到物还是它自己，这才是大智慧。由于这种大智慧，人才认识到自己和万物之间的本源关系，这种本源的关系首先是依存的关系，其次是并列的关系。这个时候，物就能够展示出它的丰富性、生动性。《庄子》里写了许多大树，但是所有木匠路过都不会看一眼，因为这些树什么都做不成。但是庄子看到树，说树这么高大，烈日炎炎的夏天正好可以在树下乘凉、聊天，这是多么伟大的发现！当人不以实用性的眼光看待大树，大树就成为它自己，就展示了它的丰富性。“性之德也，合外内之道也，故时措之宜也。”诚是人性中的一种德，向内之德是仁，向外之德是智，仁与智都是人本有的。所以，诚不是外在于人的东西，它是人本性当中应该有的德。因为人本来就有这种德，所以人不能拒绝这种德，而且实现这种德也不是想象中的那么难。回到诚实际上就是实现人本来就有的德。“故时措之宜也”，“时”指任何时候，“之宜”指做起来都是合适的，也就是说只要做到诚了，怎么做都是对的。

第二十六章

故至诚无息。不息则久，久则征，征则悠远，悠远则博厚，博厚则高明。博厚，所以载物也；高明，所以覆物也；悠久，所以成物也。博厚配地，高明配天，悠久无疆。如此者，不见而章，不动而变，无为而成。天地之道，可一言而尽也：其为物不贰，则其生物不测。天地之道：博也，厚也，高也，明也，悠也，久也。今夫天，斯昭昭之多，及其无穷也，日月星辰系焉，万物覆焉。今夫地，一撮土之多，及其广厚，载华岳而不重，振河海而不泄，万物载焉。今夫山，一卷石之多，及其广大，草木生之，禽兽居之，宝藏兴焉。今夫水，一勺之多，及其不测，鼋鼍、蛟龙、鱼鳖生焉，货财殖焉。《诗》云："维天之命，于穆不已！"盖曰天之所以为天也。"於乎不显，文王之德之纯！"盖曰文王之所以为文也，纯亦不已。

故至诚无息。不息则久，久则征，征则悠远，悠远则博厚，博厚则高明。博厚，所以载物也；高明，所以覆物也；悠久，所以成物也。博厚配地，高明配天，悠久无疆。如此者，不见而章，不动而变，无为而成。

"故至诚无息"，这句话不能翻译为：至诚的人永远不停止自己的追求。这样是讲不通的，因为已经是至诚了，还怎么去追求诚呢？所以，这里的"至诚"应该翻译为"追求至诚的人"。追求至诚的人永远不可能停止。"不息则久"，不停止自己的追求，就表现为时间上的持久，人只要活着，就不会停止追求至诚。这里的"不息"就表现出人的一种品质、一种毅力、一种坚持。这种坚持有什么效果呢？“久则征”，时间久了，外部就会有所表现。“征”指表征、表现。表现为什么呢？表现为一种文化。在文化当中有所表征，也就是通过文化体现出一种“久”，或者“久”最终会产生文化。“征则悠远”，“征”怎么和“悠远”有关呢？什么东西能创造“悠远”呢？文化能够创造出悠远。这个“悠远”指的是时间，这句话是讲，文化创造了时间。比如，我们讲时间特别“悠久”，我们怎么知道时间悠久的？是因为当年创造了一种文化留在那个地方了，然后我们才说那个东西时间特别“悠远”。历史悠久也是一样，历史怎么会悠久呢？不就是那些历史的痕迹导致你认为历史很悠久吗？如果没有悠久的痕迹，如果把所有的古代遗存都毁掉，把所有古代的书都烧掉，然后说历史很“悠远”，你能感觉到“悠远”吗？你一点“悠远”都感觉不到。所以，“悠远”是人类用自己的文化创造出来的。如果没有时间纪年，如果把各种纪年去掉，那就没有“悠远”的感觉了。所以，我们所有的观念包括感觉都来自一种文化，离开了文化创造就无所谓远不远了。“悠远则博厚”，在悠远的时间里，人类创造的文化就具有了一种厚度和深度。所以，是时间造就一种深度、一种厚度。一所几十年以前造的房子，你不会去看，因为这里没有深度和厚度；如果这个房子是一千年以前的，你肯定会去看，一千年造就了历史的深度和厚度。“博厚则高明”，既然已经有深度和厚度了，是不是就满足于这样一个深度和厚度呢？肯定不是。我们还要在前人的基础上超越前人，这时候我们就具有了一种高度。这都是讲人类不断追求诚产生的文化成果。

“博厚，所以载物也；高明，所以覆物也；悠久，所以成物也。”这里讲人类通过对诚的追求所产生的文化成就和世界万物的关系。由于文化博厚能载物，所以它就变成万物的基础；由于文化高明能覆物，所以万物都在文化的覆盖下；由于文化悠久能成物，所以最终在文化里面成就万物。“博厚配地，高明配天，悠久无疆。”这里把人类的文化创造进一步提高到天地的高度。天地伟大，在天地之间创造的文化也伟大，那么创造文化的人必定也伟大。这个地方既讲我们创造的文化的厚度像地一样，又讲高度像天一样。从根本上讲，文化地位的高就是创造文化的人的地位高，人的地位高说到底就是人追求至诚之心的地位高。“如此者，不见而章，不动而变，无为而成。”人在这个时候就和天地并列了。人的行为都是在效仿天地，这不正是对至诚境界的一个表述吗?

天地之道，可一言而尽也：其为物不贰，则其生物不测。天地之道：博也，厚也，高也，明也，悠也，久也。今夫天，斯昭昭之多，及其无穷也，日月星辰系焉，万物覆焉。今夫地，一撮土之多，及其广厚，载华岳而不重，振河海而不泄，万物载焉。今夫山，一卷石之多，及其广大，草木生之，禽兽居之，宝藏兴焉。今夫水，一勺之多，及其不测，鼋鼍“蛟龙”鱼鳖生焉，货财殖焉。

“天地之道，可一言而尽也”，天地之道，用一个字就能说清楚，这一个字就是“诚”，天地就是诚，人效仿天地也要让自己诚。接下来讲天地之诚产生的效果。“其为物不贰，则其生物不测。”“贰”在中国古代文化里是一个比较贬义的词，直到今天还是带有贬义。天地的特点是始终如一，它始终保持它自己，最后的结果是“生物不测”。那么，“不贰”怎么能产生万物呢？这个说法让人很费解。老子讲得比这个好，“道生一，一生二，二生三，三生万物”。在这个过程中，一必然过渡到二，要完全否定这个二，那万物是生不出来的，所以必须经过二这么一个环节。但是，我们在表达理想的时候可以不讲二只讲一。天地“不贰”表达的是人的理想状态，却也是天地的现实状态，天地本来就是一。对我们人来讲，人既是一又是二，既是二又是一，这是人和天地的差别，人从某种意义上讲比天地复杂。这个世界上很有意思的一件事，就是人有一种欲望，想把自己变成理想当中的人，但是当你变成理想中的人的时候，你就没有理想了。所以，人追求的是让自己走向灭亡的东西，看起来好像是追求最好的境界，但是最好的境界最终是对我们的否定。我们追求的对象最后会否定我们对它的追求，任何理想的实现最终都是对理想的否定。

“天地之道：博也，厚也，高也，明也，悠也，久也。”天地之道是这样，人之道也要达到这样的目标，所以人要效仿天地。“今夫天，斯昭昭之多，及其无穷也，日月星辰系焉，万物覆焉。”天是怎么来的？开始只有一点点小亮光，后来光线越来越亮，日月星辰都有了，万物都在它的覆盖之下。这是一个比喻性的说法。“今夫地，一撮土之多，及其广厚，载华岳而不重，振河海而不泄，万物载焉。”地是怎么来的？一开始是一把土而已，慢慢地扩大，结果上面承载着山河。地也是由小到大不断扩大。“今夫山，一卷石之多，及其广大，草木生之，禽兽居之，宝藏兴焉。”山是怎么来的？山也是由少到多逐渐形成的。“今夫水，一勺之多，及其不测，鼋鼍、蛟龙、鱼鳖生焉，货财殖焉。”水是怎么来的呢？一开始只有那么一点点，然后越流越多形成江河大海，水也是积少成多的。这几句话表明，天地之道并不是我们所想的一开始就是这样的，它有一个发生、发展的过程。天地、山水是一个自然的存在，这个自然的存在是怎么形成的我们并不是很清楚，尤其是天地怎么形成的，我们就更不清楚了。《中庸》不仅仅把天地之道看作是一种结果，而且展示为一种过程。为什么要这样呢？这是要表明我们追求诚也有这么一个过程，这是符合天地之道的。所以，你不能够有一种想法：追求至诚一蹴而就，一旦追求到就万事大吉了，追求诚要保持一个耐心、一个恒心。所以说“至诚无息”。

《诗》云：“维天之命，于穆不已！”盖曰天之所以为天也。“於乎不显，文王之德之纯！”盖曰文王之所以为文也，纯亦不已。

“天之命”指至诚，要实现人的至诚需要人不断去追求，也正如天的不断追求所以成就了天。天已经给我们做榜样了，天自我实现都有一个过程，何况我们人呢！但是，只讲天还不行，总觉得天离得太远，难以说服人。所以，下面又举了一个例子，“於乎不显，文王之德之纯！”文王具有大德，这个大德怎么来的呢？是因为他不断地在追求诚啊！此处又以文王作为榜样来说服我们，只要不断地追求诚，最终会“博厚”“悠远”。

第二十七章

大哉圣人之道！洋洋乎！发育万物，峻极于天。优优大哉！礼仪三百，威仪三千。待其人而后行。故曰苟不至德，至道不凝焉。故君子尊德性而道问学，致广大而尽精微，极高明而道中庸。温故而知新，敦厚以崇礼。是故居上不骄，为下不倍。国有道其言足以兴，国无道其默足以容。《诗》曰："既明且哲，以保其身"，其此之谓与！

"大哉圣人之道！"前面有很多地方讲到诚，这里又重新回到中庸之道，"圣人之道"就是中庸之道，这个句话就是讲中庸之道了不起。这是一个感叹，但如果仅仅只有一个感叹，就不能让人对中庸之道有一个贴切的了解，因此接下来就具体地讲中庸之道的伟大。

"洋洋乎！发育万物，峻极于天。优优大哉！"这是讲中庸的伟大，这个伟大主要体现在两个方面，一方面是"洋洋乎！发育万物"，这是讲中庸之道的广大，它能发育万物。我们在讲世界的多样性时，就会用到一个词——万物，"万物"指所有的物，这里的意思就是万物都来自中庸之道，都受到了中庸之道的滋养。这里就有一个疑问了，中庸之道是属于人的一个行为方式，它只涉及人，这里讲它发育万物，这就有点不可思议了。人的这种中庸思想如何发育万物呢？人持中庸的态度使得万物能够按照自身的方式去发展自己，如果没有中庸的态度，就会阻碍万物的发展，最终会破坏自然万物，因此，中庸发育万物不是说它产生了万物，而是让万物顺着本性去发展，这样人就和万物产生了关联。另一方面是“峻极于天”，这是讲中庸所达到的高度，已经接近于天了，这是对中庸特别高的一个评价，因为在中国人看来，天是一个最高的存在，也是最值得我们敬仰的一个存在。“优优大哉”是进一步的感慨中庸之道的伟大。

“礼仪三百，威仪三千，待其人而后行”，前面是在讲中庸之道的伟大，这里是对礼的阐述。“礼仪”就是礼的大纲、原则，“威仪”是指具体的行为规范。这里讲人间有许许多多礼的原则和细节，这和前面讲的中庸有什么联系呢？可以这样理解，因为中庸之道特别神秘、广大，很难去把握它，或者说只有少数人能够把握住它，大多数人是把握不住中庸的，这就意味着大多数人和中庸无缘了，因此就要制定各种各样的礼，让我们按礼的规则去做事。这个礼不是凭空产生的，礼都来自中庸之道，是中庸之道的一种形式化、规范化。一个好的礼应该是中庸的一个产物，通过礼，所有人都和中庸之道联系到了一起。在某种意义上，按照礼做事就是按照中庸做事，礼作为一种规范化、形式化的中庸，时间长了，可能僵化，只知道按照规矩去做，而不知道规矩的来源，最后就把规矩僵化了。中庸之道是一个无形的礼，礼是一个有形的中庸之道，也因为有形，所以礼容易出现僵化，因此，礼要不断地回到它的本源——中庸之道。“待其人而后行”，尽管有很多的礼，但这些礼并没有在人类社会中充分发挥作用，有许多礼变成了一个摆设，要发挥礼的作用，就需要一个特殊的人，那需要什么样的人呢？

“故曰苟不至德，至道不凝焉”，中庸之道尽管非常伟大，礼尽管繁多，但是如果没有一个至德之人的话，这一切都是空的，中庸之道也就不可能得到落实，所有的礼也就形同虚设。因此，中庸之道不是一个独立存在的对象，它要依赖于人才能实现。这是在讲人与中庸之道的关系，也就是讲人和礼的关系，用今天的话来讲，就是讲人和制度之间的关系。人是中庸之道的实行者，有至德才能有至道，但从现实的层面看，至德之人难得。对普通人来讲，还应该有一个让他必须按照中庸之道做事的礼存在，不仅要让道依赖于人，也要让人受制于道。中庸之道要靠至德之人去实行，那至德之人到底是什么样的人呢？接下来就是对至德之人的一个表述了。

“故君子尊德性而道问学”，一个人要成为君子需要两个方面的修养，一个是“尊德性”，一个是“道问学”，这两句话也是宋明理学常用的。宋代的朱熹和陆九渊为此展开过激烈的争论，陆九渊主张“尊德性”，他讲人心就是天理，心既然是天理，一切由心出发就可以了。他讲的“心”有特指的含义，不是平常人的心，而是道心。朱熹反对陆九渊，他讲心之外，还有广大的世界，这个广大的世界各有各的理，不是有一个心就能解决的，因此要了解外部世界，就要穷尽世界万物的理。谁说得对呢？按照《中庸》所讲，他们两人的观点都有缺点，都只强调了问题的一个方面，一个更多强调了自我，一个更多强调了对象。既然《中庸》讲既要“尊德性”又要“道问学”，为什么要把它们分开，各执一词呢？这里要注意，这是说君子应该有的一个理想的状态，是一个要求，现实中的人无法达到这个要求。因为每个人都有自己的个性，个性就破坏了事物的完整性，现实当中的人都有个性的差别，这个差别使他无法做到既能够“尊德性”，又能够“道问学”。现实中的人大多偏向一端，自我意识比较强的人往往偏向于“尊德性”，自我意识比较弱的人就会偏向于“道问学”。一个人只讲“尊德性”的时候，这个德行就有可能走向一种偏激的状态，就容易以自我为中心来衡量万物，这时候就需要“道问学”，就需要知识来限制偏激的状态；如果只问学不讲德行，那也会出问题。“尊德性”和“道问学”要相互制约，一个理想状态的人既“尊德性”也“道问学”。中庸的思想不仅中国有，外国也有，德国哲学家康德的《纯粹理性批判》专讲知识，《实践理性批判》专讲德行，可见他也既讲德行又讲学问，由此可知中庸的思想是人类的普遍思想。只有道德，没有知识，道德就会泛滥；只有知识，没有道德，知识会贻害无穷。一个完整的人，既要有德行，又要有知识。

“致广大而尽精微”，这句是对上一句话的细化，也就是说“尊德性”应该做到两条，要“致广大”，也要“尽精微”。把德性不断地向外延伸叫作“致广大”，也就是说要不断地增加德性的外延。孟子讲“亲亲而仁民，仁民而爱物”，“亲亲”就是要爱自己的家人，如果一个人只知道“亲亲”，那就比较狭隘，要从“亲亲”扩大到“仁民”，要爱所有的人，到“仁民”还不能停止，还要“爱物”，这就是“致广大”。“致广大”就是由近及远，由亲到疏。一个人只“致广大”还不行，还要“尽精微”，还要能够体会到德性的内涵是什么，比如“亲亲”“仁民”“爱物”都有爱的意思，但它们的爱有什么差别呢？这就需要仔细地体会。再如，“亲亲”是一个广义的概念，对不同的亲人的爱是不是都一样呢？“民”也是有分别的，“民”的生存状况不一样，爱是否也应该不一样呢？“物”是千差万别的，不同的物，爱是否也应该不一样呢？对人也好，对物也好，一定要体会到其中的差别，这样就能体会到不同的感情，“尊德性”是包含“致广大”和“尽精微”两个方面的。“道问学”其实也包含两个方面，也要“致广大”和“尽精微”；“致广大”就是各种各样的学问都要涉及，要了解各种各样的知识，读书一定要广博；此外也要做到“尽精微”，不能读了很多书，每一本都是浅尝辄止，要对某几本书进行深入研究，必须读透某本书或者几本书。

“极高明而道中庸”，这里的“中庸”和我们之前讲的中庸不是一个意思，这里指平常、日常的意思，广大和精微都是高深莫测的，任何高深莫测的道理都必须体现在平常的生活当中。把高深的东西和日常的东西结合起来，典型地体现出了中国人的思想，这种思想极具同化力。比如在佛教思想中，佛本是一个高深莫测的对象，但中国人把它中国化了，把它从客观存在变成一种内在的心灵感受，每个人都有佛性，这样就把很伟大的东西变成了一个平常的东西，把一个很神圣的东西融入到了日常生活中。在日常生活中去体验一种超越的思想，在生活中去超越生活。

“温故而知新”，这句话《论语》中也有，孔子讲一个人能够“温故而知新”就“可以为师矣”。但在这里，它的含义远远超出了“可以为师矣”的范围，它是泛指我们如何对待历史，如何对待我们的过去。我们首先要接触历史，尊重历史，然后在历史的基础上创造新的历史。

“敦厚以崇礼”，“敦厚”是浑然一体的境界，这是人生追求的最高境界。

不仅要“敦厚”，还要“崇礼”，还要知道其中条分缕析的差别。这里有一个问题，既然“敦厚”了，为何还要“崇礼”呢？因为“敦厚”不是天然的，天然的敦厚是靠不住的，也是没有道德价值的，“敦厚”是被构造出来的，是被礼构造出来的，没有礼也就没有真正的敦厚。

“是故居上不骄，为下不倍”，中庸就是一个理，做事符合道理，就叫作中庸，“居上不骄，为下不倍”符合事理。“居上”就已经让人很紧张了，就不应该再骄横，再骄横的话，在下的人就没法活了。“倍”有卑微的意思，已经为下了就不能再卑微了，再卑微就彻底地丧失了自我，一个为下的人必须要增强自信，找到自我，提升自我。

“国有道其言足以兴，国无道其默足以容”，天下太平时，让每个人都有机会去实现自己的理想，天下有道给每个人提供发展的机会，每个人都努力实现自己，这是符合道。国家无道时，没有给你机会，而你偏偏要争取一个机会，就不会有好的结果，这时候就应该保持沉默。当然这句话也有些问题，在无道的社会里，如果大家都保持沉默了，那么这个无道的社会就会永远无道，一个无道的社会变成一个有道的社会是需要一些牺牲的。

“《诗》曰：‘既明且哲，以保其身’，其此之谓与！”引用《诗经》中的话来证明观点的正确性。“哲”是智慧的意思，明哲保身就是用智慧来保全自己、用沉默来保全自己。一个让人明哲保身的社会一定是一个黑暗的社会。

第二十八章

子曰："愚而好自用，贱而好自专，生乎今之世，反古之道。如此者，灾及其身者也。"非天子，不议礼，不制度，不考文。今天下，车同轨，书同文，行同伦。虽有其位，苟无其德，不敢作礼乐焉；虽有其德，苟无其位，亦不敢作礼乐焉。子曰："吾说夏礼，杞不足征也；吾学殷礼，有宋存焉；吾学周礼，今用之，吾从周。"

这里先引用了孔子的一段话，孔子在这段话中举了三个例子，说明一个人如果违反中庸之道会产生什么样的后果。这一段话里面虽然没有明确地提到"中庸之道"这几个字，但是提出了一个做事的道理。中庸就是做事的道理。所以这段话里面尽管没有明确地提到中庸之道，但我们可以把它理解成对中庸之道的一种阐述。

具体来看这三个例子。第一个例子是"愚而好自用"。这里"愚"是指不聪明，"自用"是自以为是的意思，"好"是指特别喜欢。这句话翻译过来就是一个本来就不聪明的人还特别喜欢自以为是；这显然不符合事物的道理。一个聪明的人自以为是的话都会产生不好的后果，何况是一个不聪明的人，你还喜欢自以为是，那肯定就会有一个不好的后果在等着你。这个"愚"字就意味着你没有自以为是的资格。聪明人，他有自以为是的资本，但是他自以为是最终还是要犯错误。何况你是一个不聪明的人，你还喜欢自以为是，那犯错误是必然的。因为这不符合事物的道理，不符合中庸之道。第二个例子“贱而好自专”，“贱”指的是地位低下，“好”也是特别喜欢的意思，“自专”，就是独断专行；这句话的意思是说，一个地位低下的人特别喜欢独断专行，这显然也不符合事物的道理。一个地位高的人才有独断专行的资本，即便如此他最终不会有好下场。而一个地位低的人，你本来就没有独断专行的资本，而你却要去独断专行，这就等于去做一件你做不到的事情，最终肯定会以失败而告终。这不符合事物发展的道理，不符合中庸之道。第三个例子“生乎今之世，反古之道”。这句话里面需要特别注意的一个字就是“道”字。本来这个“道”字应该是一个褒义词，是一个特别抽象的哲学概念。但是这里的“道”并不是我们讲的道家的道，或者是儒家追求的中庸之道，也就是说不是哲学当中高不可攀的道。这个“道”呢，在某种意义上讲就是古代的一种礼乐制度、统治方法，不是指贯穿古今的那个道。如果这个“道”是指贯穿古今的那个道，那么“今之道”就是“古之道”，那就无所谓“反古之道”。“生乎今之世”，就是在我们生活的今天，应该有一种适合今天的统治方法。但是有人却要“反古之道”，有人要恢复到远古代时期的那种统治方式。这为什么不对呢？因为今之世之所以成为今之世，不是由于人主观的选择，而是社会发展的必然。如果是有意为之，我们当然可以回到过去，但是这里讲的“今之世”是从古之世里面逐渐发展过来的。如果我们想要人为地回到过去，那必然会“灾及其身”，产生失败的后果。当然，这个地方我们还可以追问一句，一个人生在今之世，为什么一定要回到古之道呢？这可能与人的一种心理感觉有关系。人对他所在的时代有一种强烈的不适感，就容易去美化过去的时代。

“非天子，不议礼，不制度，不考文”，这还是讲中庸之道的重要性，这里是正面的例子。治理国家有三项重要的任务，一个是“议礼”，一个是“制度”，一个是“考文”。这三项重要的任务应该由谁来完成呢？应该由天子来完成。为什么只有天子能去做，其他人不能去做呢？道理就在于，如果人人都去做，这三件事情就都做不成了。你去“制度”，我也去“制度”，大家都去“制度”，各有各的制度，那最后还有什么制度呢？所以，制度只能由最高统治者制定。换个角度讲，只有最高统治者才有能力去创立推动这个制度。

“今天下，车同轨，书同文，行同伦”，这几句话放在此处引起了很多人的怀疑，因为“车同轨，书同文，行同伦”是秦始皇推行的一个制度。如果《中庸》的作者是子思的话，子思是孔子的孙子，那他至少是战国中期生人，他怎么可能写出来这么几句话呢？他既然写不出来这样的文字，有人就根据这几句话来断定《中庸》的作者不是子思。还有一种情况，这几句话可能是后人误补进去的。可是，无论怎样，这段话放在这里，都不是很协调。要是把这几句话去掉，上下文就显得特别连贯。怎么个连贯呢？前面提到，只有天子才能去制作礼乐制度，这样讲固然不错。但是，如果这句话就到此为止的话，实际上还是有问题的。前面讲“非天子，不议礼，不制度，不考文”，如果我们把这句话说得更加严密的话，后面就应该接上这几句话：“虽有其位，苟无其德，不敢作礼乐焉；虽有其德，苟无其位，亦不敢作礼乐焉。”接上这几句话非常必要，制作礼乐不仅需要天子的地位，还需要天子的德行。天子的地位是制定礼乐的必要条件，但它不是充分条件。中庸不能只讲一面，还需要讲另一面来平衡制约这一面。这句话实际上是对天子的限制，只有天子才能够制定各种制度，但是天子也不能够任意地去制定制度，只有具有德行的天子才能够去制定礼乐制度。这就等于把很多天子都挡在制作礼乐制度之外了，天子的地位只是讲天子具有了制定礼乐制度的资格，并不是说天子就能去制定礼乐制度。

那是不是意味着一个有德行的人就可以去制作礼乐制度呢？这里写得很严密，说有德行无其位也不能制作礼乐制度，这是对有德行的人做了一个限定。为什么在下位有德行的人不能去制作礼乐制度呢？《礼记》有云：“天无二日”，人间只有一个天子，而有德行的人在这个世界上并不是只有一个，如果一些有德行的人去制定这个社会的法则，那也一样会造成社会的混乱。现在我们就明白了，能制定礼乐制度的人，应该是既有地位又有德行的人，就是文王、周公这样的人。但这种人是很罕见的。在现实生活当中，人们并不会按照这样一种理想条件去制定礼乐制度，而往往是有地位的人在制定礼乐制度，尽管他没有德，但他会利用他的权力去制定礼乐制度。这个时候，我们就要特别警惕了，因为一个有权力的人一定会宣称自己制定的制度是一个理想的制度。所以在现实生活当中，我们要对天子所制定的礼乐制度保持一种警惕，不能认为他所制定的制度就是理想的。这里是讲，礼乐制度的制定也需要遵循一个道理，遵循中庸之道。

“子曰：‘吾说夏礼，杞不足征也；吾学殷礼，有宋存焉；吾学周礼，今用之，吾从周。’”《论语》中也有这段话，语句略有不同，意思完全一样。孔子旗帜鲜明地遵循周礼，认同周礼，后世好多人根据“吾从周”这句话，判定孔子这个人落后保守。这其实误会了孔子，孔子就是周朝人，因此他“从周”并不能算是保守。关于“吾从周”，孔子还给出了理由，“吾说夏礼，杞不足征也”，夏礼距离孔子也已经很遥远了，有一千五百年左右了，尽管大家都说夏礼很好，但是在今天“杞”这个地方找不到证据了。为什么要到“杞”这个地方去寻找证据呢？因为“杞”是夏朝国君后代集中居住的地方。按道理来讲，“杞”这个地方应该保留更多的夏朝的礼，但是你跑到“杞”这个地方去看看，夏礼几乎不存在了，所实行的礼可能和当时周朝的礼也差不多。“吾学殷礼，有宋存焉”，我到宋国学习殷礼。为什么要跑到宋国去找商朝的礼呢？周灭商的时候，把商的后代集中到“宋”这个地方，让他们建立了宋国。按照常理来讲，宋国也应该保留了更多的商朝的礼仪。但实际情况是，在宋国也找不到殷礼。可见夏商的礼只不过是口头传说，都没有流传下来，所以“吾学周礼”，不学夏礼商礼，因为这两个朝代的礼仪已经不存在了。孔子学习周礼还有一个原因，他在《论语》中讲过一句话，“周监于二代，郁郁乎文哉！吾从周”，这句话说得更明白，周朝的礼借鉴了夏商的礼，周礼里面有许多就是夏礼和殷礼。所以，孔子讲“吾从周”，并不是很盲目的很偏激的主观上要这么做，而是有客观的道理的。这一段话里表面上是在讲礼，实际上是讲礼背后的道理，这个道理就是中庸之道。

第二十九章

王天下有三重焉，其寡过矣乎！上焉者虽善无征，无征不信，不信民弗从；下焉者虽善不尊，不尊不信，不信民弗从。故君子之道：本诸身，征诸庶民，考诸三王而不缪，建诸天地而不悖，质诸鬼神而无疑，百世以俟圣人而不惑。质诸鬼神而无疑，知天也；百世以俟圣人而不惑，知人也。是故君子动而世为天下道，行而世为天下法，言而世为天下则。远之则有望，近之则不厌。《诗》曰："在彼无恶，在此无射。庶几夙夜，以永终誉！"君子未有不如此而蚤有誉于天下者也。

"王天下有三重焉，其寡过矣乎！"君王治理天下做好了三件事就不会犯重大的错误了。这三件事就是我们前面讲的"议礼""制度""考文"，我们可以把这三件事统称为礼乐制度。这个地方我们要注意，任何一个人治理天下的时候，都会去制定礼乐制度，所以，此处讲"寡过"，不是说哪个朝代不制定礼乐制度，而应该理解为只有制定好的礼乐制度才能减少错误的发生。所以我们在翻译的时候务必要在礼乐制度前面加上一个"好的"。那么，就有一个问题了，这种好的礼乐制度到底从什么地方来呢？这是人们最关心的一个问题。如果说古代的社会里面已经有一种好的礼乐制度的话，我们直接继承就可以了。"上焉者虽善无征，无征不信，不信民弗从"，可惜的是，上古那些好的礼乐制度只存在于人们的传说之中，找不到任何证据。就像上章讲的夏商时期有很多好的礼乐制度，但这些礼乐制度，最终都没有流传下来。

因为没有流传下来，老百姓就没能亲眼看到这些制度，所以，他们也就不相信有这些制度，自然也就不会服从这种礼乐制度，这很好理解。“下焉者虽善不尊，不尊不信，不信民弗从”，“下焉者”就是普通人，在下位的那些君子，他们制定出一套礼乐制度，但是他们的弱点也是很明显的，就是“虽善不尊”，虽然他们说的那些很好，但是他们地位太低，人微言轻，这也就注定了他们的言论不受重视，他们的地位决定了他们那些好的言论不会被人们所接受。“不尊不信”，没有尊贵地位的人，他们所说的那些话、所思考的那些观点，也就不会被人们所接受。这里我们要注意，“不尊不信”这样一种说法，一方面它符合一种世俗的心理学，比如小孩子特别听老师的话，但不听父母的话，即使父母的职业也是老师，且父母比他的老师还厉害，但仍然不会听。所以，有一些话，父母讲过，很有说服力，说得也很有哲理，但是他就是不听。但是换一个人讲一讲呢，他就觉得很有哲理，就听进去了。大家在写文章的时候，都习惯性地引用别人的话，引经据典，但你不会去引用你父母的话，而是去引孔子、孟子的话。另一方面，这里面也有一个问题，那就是真理本身并不重要，谁说出真理才重要。这是很恐怖的。久而久之，人们就不把真理当回事了，就只把说真理的那个人当回事了，再进一步，就是那个说真理的人最重要，真理却无关紧要了。这也就意味着谁说真理谁就是真理，谁有权力谁就是真理。所以，这句话里面包含了一些世俗的心理学，这是一种正常的心理现象，但同时我们也应该注意到，这里面隐含着的一个危险。所以，严格地讲，应该是真理最重要，谁说真理不重要，你不能说有些人说的是真理，有些人说的就不是真理，我们认可一个人就说他说的是真理，我们不认可一个人就说他说的不是真理。“不信民弗从”，他不相信你，自然不会听你的。这段话就是讲礼乐制度既不是来自毫无证据的信仰，也不是来自没有权力的那些君子。那什么样的人才有可能制定出好的礼乐制度呢？

“故君子之道”，这个地方的“君子”，不是普通的君子，这个“君子”其实指的是圣人。这个“君子之道”指的就是圣人之道，也可以理解成中庸之道。制定一个好的礼乐制度必须依赖于中庸之道。而要达到中庸之道还需要一套复杂的程序，要有一个验证的过程。接下来就讲，如何使自己制定的礼乐制度符合中庸之道。第一个就是“本诸身”，你制定的礼乐制度要在你身上得以验证，而不是你制定了一个礼乐制度去让别人实行，与自己无关，你自己首先要去实行。这句话切中要害，一个好的制度不仅仅是对他人行之有效，首先是对自己行之有效，并且要把对自己行之有效放在首要的位置。韩非子是法家思想的代表人物，他替国君制定了很多法。但是你读完《韩非子》，发现他制定的所有的法，都是针对臣民的，国君则逍遥法外。中国古代所有朝代都是有制度的，但里面没有一条是针对国君自己的。所以《中庸》在那个时代提出了这样一个观点是发人深思的。我们制定的所有制度，首先是为自己制定的，是自己首先要遵守的，不能仅仅是针对别人，而应是针对所有人的制度。第二条怎么样来验证呢？就是“征诸庶民”，制定的制度要在老百姓身上行得通，符合老百姓的利益，要在老百姓那里得到验证。如果制度制定得太高大上，不接地气，不符合老百姓的现状，这肯定也不行。这说明，制定制度要把老百姓放在一个很重要的位置上，在百姓那里得不到实现，这就是一个空的制度；在百姓那里得不到落实，这个制度就是没有意义的。第三，“考诸三王而不缪”，还要到“三王”那里去验证一下。“三王”就是指夏、商、周三代之君，即夏禹、商汤、周武王，“三王”都是圣人，制定的制度必须经过“三王”这一关，要过圣人这一关。这个要求特别高。“考诸三王”也就是说要符合“三王”的精神，符合“三王”的精神就是要符合仁义的精神，也就是说所制定的制度必须符合仁义的标准。接下来一个标准，“建诸天地而不悖”，要通过天地标准的验证。制定一个制度，有人间的标准就可以了，为什么还要用天地的标准呢？这就是一个视野的问题，因为人的标准不一定符合天地的标准。换一句话讲，天地的标准，在某种意义上是高于人的标准的。为什么讲天地的标准更重要呢？因为天地是我们生存的背景，人是天地所生的，是被天地规定好的，人要按照天地的运行来作息。天时地利，错过了天时，庄稼就活不了，人就会饿死。虽然天地自己不说它的厉害，但是我们不能小瞧天地，天地的厉害你只能自己去体会。如果你体会不到，你还有可能瞧不起天地，要战天斗地呢，最后只能自食其果。人要顺着天地，北方寒冷，就种麦子；南方炎热，就种水稻。如果你非要去颠倒着做，就会颗粒无收。下一个，“质诸鬼神而无疑”，制定制度还要经过鬼神这道关。鬼神认为你这个制度很好，感觉到没有疑问才能过关。这个理解起来会有难度。我们制定的制度为什么还要经过鬼神的验证？鬼神来自另外一个世界，与其说我们创造了鬼神，不如说鬼神自己存在。鬼神是在幽暗不明当中存在的，在黑暗当中产生的，只要这个世界上有黑暗就有鬼神。是光明让我们害怕，还是黑暗让我们害怕呢？我们在光明中看到天地，但是我们在黑暗中才能见到鬼神。那你说鬼神和天地相比，谁厉害？当然是鬼神厉害。“质诸鬼神而无疑”，你不能小看这句话，这说明不仅白昼接受了你这个制度，连鬼神、黑暗也接受了你这个制度，可想而知，你这个制度的穿透性有多强。“百世以俟圣人而不惑”，一世是三十年，十世就是三百年，“百世”就是三千年，也就是我们如今这个时代，现在出现的圣人，也对这个制度提不出疑惑。经过历代圣人的检验来证明这个礼乐制度是好的，可见，这个检验程序的复杂性，检验的门槛之高。并不是某位圣人说这个制度好，这就是一个好的制度，而是要经过这么多的检验之后我们才承认这是一个好的制度。但是我们需要考虑一下，现实中有没有一个人能够制定出这样的制度来，事实上没有人能够制定出一套这么完美的制度。这说明，我们现实生活中所有的礼乐制度，都是有缺陷的，既然是有缺陷的，那就是可以批评的、可以改进的。

“质诸鬼神而无疑，知天也”，连鬼神对这个都没有任何疑问的话，就说明这个制度通过了天意，符合天意，人在提到天意的时候心才更踏实。这个“天”和天地的“天”有点不一样，这个“天”是一个更神秘的天。“百世以俟圣人而不惑，知人也。”三千年之后的圣人对这个制度还提不出疑问，证明这个制度符合人性。只有对人性有着深刻的把握，才能制定出这么一个符合人性的制度。如果你错误地理解了人性的话，那么这个制度虽然盛行一时，最终会被后人所否定。“是故君子动而世为天下道，行而世为天下法，言而视为天下则”，这样一个礼乐制度，自然就会成为天下人的“道”，天下人的“法”，天下人的“则”，被天下人所尊崇。因为它是符合天意的制度，符合人性的制度，是最好的制度。

“远之则有望，近之则不厌”，这是讲制度的好是体现在人的心理感觉上。这个好不是听人们嘴里说的好，而是你感觉到的好。就像男女相爱不是靠媒人的夸赞，而是要尊重内心的那个感觉。“远之则有望”，一旦离开了、离得远的时候，就会仰望着他，盼望着他。“近之则不厌”，天天近距离地待在一起还不感到厌烦，可见这个制度是多么好，让人感觉多么舒服！为了增强可信度、强化这种心里的感觉，这里还引用了《诗经》里的话：“在彼无恶，在此无射。庶几夙夜，以永终誉！”用《诗经》里的话来表明感觉的正确。所以最后“君子未有不如此而蚤有誉于天下者也”，君子早早地就名扬天下了。正是按照前面所说的各种高标准来要求，才会有这样的好结果。

第三十章

仲尼祖述尧舜，宪章文武，上律天时，下袭水土。辟如天地之无不持载，无不覆帱，辟如四时之错行，如日月之代明。万物并育而不相害，道并行而不相悖，小德川流，大德敦化，此天地之所以为大也。

孔子是一个圣人，他的言行当然是符合中庸之道的，后人把他看作是中庸之道的化身。当然，孔子自己并不认可这样一个说法，他认为自己在很多方面还没有达到这个标准。但是，不管孔子怎么说，我们还是给了他这个荣誉。这荣誉对孔子本人并不重要，但对我们后人来讲很重要。我们需要一个榜样，需要一个圣人。所以，我们就把孔子说成一个符合中庸之道的圣人。我们在提到孔子的时候，就会思考圣人是怎么行中庸之道的。

孔子的思想应该有一个来源，来源于什么地方呢？“祖述尧舜”，来自尧舜，也就是说圣人的思想来自更早的圣人。来自于尧舜的什么呢？来自于尧舜的道德。在《论语》中，很多地方都能看得到孔子对于尧舜的赞美，比如：“大哉！尧之为君也。巍巍乎！唯天之大，唯尧则之。荡荡乎！民无能名焉。巍巍乎！其有成功也，焕乎！其有文章。”“舜有臣五人而天下治。”“宪章文武”，“宪章”就是效仿，“文武”就是文王、武王，也就是效仿文王和武王的那种礼治。中国的礼乐制度是从周朝开始的，具体负责这个制度的是周公，这个制度一直影响到今天。这两句话表明，孔子继承了历史上最优秀的文化遗产。可见，孔子的思想不完全来自他自己，还来自对传统的学习。仅仅学习传统就可以了吗？不行！还要“上律天时，下袭水土”，孔子的中庸之道既来自对传统文化的继承，还来自他对天地的一种感悟。没有对天地的感悟，文化就很容易走向一个误区。人在过于强调人的时候，就会遗忘自己所生存的环境。人文精神，必须建立在自然的基础上，否则就会走向极端，就会破坏它的生存基础，最后反而会弄得自己无法生存。孔子的思想不仅来自文化还来自自然。《中庸》里强调孔子思想的自然性，更强调其思想来自天地，这与后世的儒家思想很不同。从某种意义上讲，这就突破了儒家的狭隘，把人的生存置于更广阔的背景之上。人的生存背景不一样，对于生存的理解就不一样。在人的背景下，人容易突出人自己；在自然背景下，人才可以正确的定位自己——其实人没有那么重要。可见，背景是多么重要，背景不是可有可无的，它影响到人的视野。背景有小有大，家是最小的背景，以你的家去看世界，以你的家乡去看世界，以中国去看世界，以人类去看世界，以自然去看世界，你所看到的世界都是不一样的，所以用多种眼光来看世界特别重要。在这个地方，提到孔子思想的背景，“尧舜”“文武”是其思想的一个背景，“天时”“水土”是其思想的另一个背景。有了这样的背景才会强化孔子思想的深度和高度。

“辟如天地之无不持载，无不覆帱”，这是打个比方来礼赞孔子。孔子有了天地的视野，他的思想就会像大地一样承载万物、像天一样覆盖万物，这就把天地万物都包含进去了。万物都在天地之间，天地包容万物，并且对万物没有偏见，可见天地的心胸多么宽广。一个人能够包容万物，公正地对待万物，这是一个什么样的人？这是具有天地之德的人。“譬如四时之错行，如日月之代明”，“天地”这个概念毕竟还是有点抽象，天地到底是以什么样的方式来包容万物的呢？此处讲得就更具体了。天地是通过“四时之错行，日月之代明”的方式来对待万物。天地把自己化为一种多样性的存在，化为“四时”，化为“日月”。只有天地是多样化的，只有它才能容纳多样性的世界。如果天地不是“四时”只有“一时”怎么办？如果只有春天或者只有冬天怎么办？后果不堪设想。所以，天地要转化成“四时”转化成“日月”，然后再通过“错行”和“代明”，让多样化运动起来，让它在动态循环之中，包容万物、滋养万物。人和天地一样，人要拥有多样性，然后你才能包容多样性，才能心胸宽广。如果人只有单一的品格，就容易和这个世界发生碰撞，就不能容忍不同于你的人存在。人只有一种品格叫单纯，人拥有多种品格叫成熟。当你单纯的时候，就会排斥这个世界；当你成熟的时候，就会去包容这个世界。

“万物并育而不相害”，由于“四时之错行”“日月之代明”，万物同时生长彼此不相危害，万物发展自己的同时又以发展自己的方式帮助别人，所以万物不仅不相害，而且还互相帮助。这不就是我们需要实现的最美好的世界吗？“道并行而不相悖”，道路有很多，但并不互相排斥。不能只有一条路，要有许多条路，每个人才有可能各自走各自的路。“小德川流”，“小德”就是能够看得见的德。小德我们能够看得见，就好像河流我们能看得见，河流滋润万物我们也能看得见，这就是小德。“大德敦化”，“大德”就是看不见的德，就是天地之德、中庸之德，“敦化”就像春风化雨，润物无声。大德是一点点在改变，却丝毫没有感到变化。我们随着天地变化的时候，也犹如春风化雨，润物无声。“此天地之所以为大也”，大德并不是强制性地去改变一个人，而是让人在改变的过程中享受到变化的乐趣。所以人就要效仿天地，实行天地之德。

第三十一章

唯天下至圣，为能聪明睿知，足以有临也；宽裕温柔，足以有容也；发强刚毅，足以有执也；齐庄中正，足以有敬也；文理密察，足以有别也。溥博渊泉，而时出之。溥博如天，渊泉如渊。见而民莫不敬，言而民莫不信，行而民莫不说。是以声名洋溢乎中国，施及蛮貊；舟车所至，人力所通；天之所覆，地之所载，日月所照，霜露所队；凡有血气者，莫不尊亲，故曰配天。

“*唯天下至圣，为能聪明睿知，足以有临也*”，这句话的一个关键的词是“至圣”，儒家追求的人生目标就是成为一个圣人。成为一个圣人很难，连孔子都不承认自己是一个圣人。“至圣”比圣人的层次更高，实现起来更难了。所以“至圣”这个概念只存在于我们想象当中，现实中，我们都没有见过至圣是什么样的。通过这个表述，我们发现儒家侧重于从理想这个层面去思考问题，而且儒家所讲的理想还不是一般的理想，是一种纯粹的、绝对的理想。从“至圣”这个概念来看，一个人达到了至圣的水平，当然是聪明睿智的，聪明睿智的人能够担当大任，“足以有临也”。也就是说，一个有“至圣”德行的人，才能够去统治天下。这里的“至圣”是一个抽象的概念，我们还应该知道它里面包含有什么样的品质：仁、义、礼、智。

“*宽裕温柔，足以有容也*”，这是讲“仁”，仁的基本含义就是仁爱。一个有仁爱的人，他不只是爱某一个人或者某一群人，他应该爱所有的人。如果有一个人排除在爱的范围之外，并不是这个被排除在外的人的过错，而是你还没有达到仁爱。仁爱表现为“宽裕”，心胸宽广，还表现为“温柔”，爱是很柔软的东西，它能够避免和刚性的事物发生碰撞，达到刚柔相济。所以，一个至圣之人首先要敞开心胸去接受万物，接受万物就是爱万物。第二种品质，“发强刚毅，足以有执也”，坚强刚毅，当机立断，这种品质就是“义”，“义”就是宜，应该的意思。前面有了仁，为什么还要有义？这两种品质是互补的。“仁”不能解决生活中所有的问题，生活中除了仁爱以外还有冲突、矛盾，遇到冲突和矛盾的时候，就要运用“义”来决断谁是谁非。孔子着重阐发了仁的思想，孟子着重阐发了义的思想，既要有仁还要有义。“齐庄中正，足以有敬也”，这是讲“礼”，礼是人的行为规范，按照礼去做事体现了人的恭敬之心。为什么需要用礼来引发敬呢？因为仁和义是内在的品质，很难去把握，这就需要有一个看得见的规则作为行动的指南，使我们按照规则做事不至于偏离仁义太远。也可以说，仁义是看不见的礼，礼是看得见的仁义。所以在日常生活中礼就显得特别重要，它把仁义具体化，避免了仁义的随意性。“文理密察，足以有别也”，这是讲“智”，智是辨别是非的能力。人们通常有一种误解：儒家只追求德行不在意智慧，所以，这些有德行的人是没有智慧的，容易被人欺骗的。“文理密察”就是思考问题非常缜密，想骗都骗不了的，这个品质最终帮助至圣统治天下。通过这四种品质，我们对“至圣”的概念就不会那么抽象了，这四种品质是一种互补的关系，缺了哪一个都很难成为“至圣”。

“溥博渊泉，而时出之”，“溥博”是广大的意思，“渊泉”是深远的意思，这是在感慨“至圣”所拥有的这四种品质广大而深远。这些品质必须要有外在的表现，如果这四种品质永远存在于人的意识当中，这些品质就不会发挥实际的作用，因此对于“至圣”而言，他要把这四种品质由内向外不断地展示出来。这就是儒家倡导的“内圣外王”。“溥博如天，渊泉如渊。”这种品质非常广大，像天一样辽阔，像渊一样深远。“见而民莫不敬，言而民莫不信，行而民莫不说。”这是讲至圣之人以这四种品质达到的统治的效果。这个效果不能由统治者自己来说，而应该由被统治者来认可，统治效果最终由老百姓说了算。老百姓以“敬”“信”“悦”来认可统治效果，这些都是充满感性的词。人认可事物有两种方式，一种是理性的方式，一种是感性的方式。比较而言，感性的方式更是一种发自内心的认可，在感情上认同是特别重要的。“莫不敬”“莫不信”“莫不说”意味着所有人都说好。这样好的统治效果不应该局限于“至圣”所统治的那部分百姓，要不断地进行推广，影响力要不断加大。“是以声名洋溢乎中国，施及蛮貊。”这个影响力从中原地区开始，逐渐由中心延伸辐射到边疆落后的地区。本来，这么讲就可以了，影响力已经说出来了，但还不满足，又通过排比的句式把影响力推到极致。“舟车所至，人力所通；天之所覆，地之所载，日月所照，霜露所队；凡有血气者，莫不尊亲，故曰配天。”此处意在营造一种氛围，最终让人们去相信这样一种影响力。这里的表述全方位立体地展示了圣人之治的影响力，“舟车所至”，是有路的地方；“人力所通”，未必有路，但却是人力能够到的地方。仅有人力能够到的地方的影响力还不够，还要上升到天地之间，仅是天地之间还嫌太抽象，还要具体到天地之间的日月霜露。这都是在营造一种氛围。

那么，儒家的这种理想到底能不能实现？或者说，儒家到底相不相信这个理想？儒家是很矛盾的，有的时候认为能实现，有的时候认为不能实现。儒家没有直接说明这个理想能否实现，通过他们的言谈，发现他们对这个问题的表述往往不太一致。有时候倾向于能实现，孔子讲“吾欲仁，斯仁至矣”，我想要仁，仁就会来。但是另外一些场合，学生问孔子能够做到“修己而安百姓”吗？孔子回答“尧舜其犹病诸”，尧舜在这方面都做不到；这就意味着，这样一个纯粹的理想连尧舜都实现不了，那谁还实现得了呢？

第三十二章

唯天下至诚，为能经纶天下之大经，立天下之大本，知天地之化育。夫焉有所倚？肫肫其仁！渊渊其渊！浩浩其天！苟不固聪明圣知达天德者，其孰能知之？

“唯天下至诚”，这一章的开头与上一章的开头表述有些相似，前面一章讲的“至圣”，这里讲“至诚”。一个至圣之人应当作到“至诚”，反过来讲，一个人做到了“至诚”也应该是“至圣”了。这两个词有重合，为什么还要用两个不同的词去表述呢？这意味着这两个词之间还是有区别的。“至圣”是就整体人格而言，“至诚”是人某一个方面的重要品质。“为能经纶天下之大经，立天下之大本，知天地之化育”，至诚之人才能做好成为治理天下的最高规范、树立天下的根本法则、知道天地的生成变化这三件大事。这里，我们对“至诚”概念应该从两个方面思考：一方面，“至诚”不是天生的，人达到“至诚”需要一个过程，这就意味着人在通向“至诚”的道路上，每一个阶段都应该有诚的成分或因素，包含不同程度的诚。那些没有达到“至诚”的人，也包含不同程度的诚，也应该有自己的价值，所有人在通向“至诚”的路上所走的每一步都是有价值的，只用“至诚”来评价现实中的每一个人，就会使得普通人所有的努力都变得毫无意义。另一个问题，一个人已经达到“至诚”了，对至诚之人而言没有了发展的问题。从“至诚”的概念来看，“至诚”就是至高无上的诚，应该不会有发展了。一个人想要诚，说明这个人还不诚，现在呢，你已经是“至诚”了，没有任何不诚的可能性了。这时候“至诚”变成了一种自然现象了，已经不需要人去努力了，那就不可能有发展了。如果一个人达到“至诚”之后没有发展了，就说明这个人生命终结了，所以“至诚”这个概念本身是有矛盾的。

“夫焉有所倚？”至诚之人做出这么伟大的事业不需要别的东西，只需要“至诚”就可以了。“至诚”做出这么伟大的事业却不需要有所依靠，这到底有没有道理？“至诚”是无所不包的，尽己之性，尽人之性，还尽物之性，至诚成己又成物，是独立自足的，无须再依靠别的。“肫肫其仁！渊渊其渊！浩浩其天！”这个至诚之德特别纯粹，像深渊一样深不见底，像天空一样广阔无边。这个礼赞性的语言是有讲究的，从天、地、人这三个方面去礼赞至诚之道。“苟不固聪明圣知达天德者，其孰能知之？”至诚之人能够创造这样辉煌的事业，我们应该理解他、去学习他。遗憾的是，如果一个人不能“聪明圣知达天德”的话，是不能理解的。这句话等于把普通人与至诚之道隔开了，普通人很难理解至诚之道。那么，这个“聪明圣知达天德者”其实也是圣人，了解圣人的只是圣人，所以圣人注定是很孤独的。不仅圣人孤独，只要是独立思考的人都是孤独的。在各行各业中，有特别成就的人，大都是孤独的。

第三十三章

《诗》曰：“衣锦尚䌹。”恶其文之著也。故君子之道，暗然而日章；小人之道，的然而日亡。君子之道，淡而不厌，简而文，温而理，知远之近，知风之自，知微之显，可与入德矣。《诗》云：“潜虽伏矣，亦孔之昭。”故君子内省不疚，无恶于志。君子之所不可及者，其唯人之所不见乎？《诗》云：“相在尔室，尚不愧于屋漏。”故君子不动而敬，不言而信。《诗》曰：“奏假无言，时靡有争。”是故君子不赏而民劝，不怒而民威于𫓧钺。《诗》曰：“不显惟德！百辟其刑之。”是故君子笃恭而天下平。《诗》云：“予怀明德，不大声以色。”子曰：“声色之于以化民，末也。”《诗》曰：“德輶如毛”，毛犹有伦。“上天之载，无声无臭”，至矣！

“《诗》曰：‘衣锦尚䌹。’”引用《诗经·卫风·硕人》里的话。“衣”指穿衣，“锦”为色彩鲜艳的衣服，“尚”指加。这句话是讲怎么穿衣服，要在漂亮的锦衣外面穿上不好看的外衣。这和我们平常的穿法不太一样，我们平常总喜欢把漂亮的衣服穿在外面，所以《诗》里说的这种穿衣服方法很奇怪。当然，越是奇怪的地方，越是要注意，它可能正好用来表达一种思想。这里的穿衣可以理解为一种象征，锦衣象征着身份和地位。看到一个人穿锦衣，就看得出来这个人有身份有地位，于是人们就会关注这个人的身份和地位，不再关注这个人本身。在外面穿朴素的衣服就是让人关注人的本身。为什么这样做呢？“恶其文之著也”，讨厌人外表过于突出，让人关注应该关注的地方。换句话讲，就是让人关注人的内涵，不要关注人外在的形式。德国美学家黑格尔谈到“优美”和“崇高”时，其观点让人特别有启发，他说在内容和形式的关系中突出形式，以形式掩盖内容，就是“优美”，“崇高”正好相反，要弱化形式突出内容，用内容战胜形式。

“故君子之道，暗然而日章”，“暗然”，就是开始不突出的样子。人们一开始并不认为他是君子，在开始见到一个君子的时候，反而觉得他是一个平常人，但是随着时间的推移，“君子之道”逐渐显现出来，为人所知。所以，这个“君子之道”指人内在的德行，因为是内在的，所以一眼看不见，只有在时间当中呈现出来。“小人之道，的然而日亡”，“小人之道”开始鲜艳，后来慢慢丧失掉这种鲜艳。为什么会出现这种情况呢？“小人之道”只关注外在形式，外在形式在时间中只能越来越失去它原有鲜艳的本色。在这里，要从内容和形式上去理解“君子之道”和“小人之道”，内容在时间当中会强化，形式在时间当中会弱化。“君子之道”，这是要对“君子之道”作进一步的阐述。这个表达方式是中庸之道的表达方式，“君子之道”说穿了就是中庸之道。“淡而不厌”，通常“淡”是会让人生厌的，做的饭太淡了，人就不喜欢吃。但是“淡而不厌”，这就是做到一种极致，达到了最好的状态。“淡”字有两种含义：一种是让人讨厌的，一种是让人很喜欢的。让人讨厌的淡是没有内容的淡，是一种由单薄而导致的淡；让人喜欢的淡是丰富性的淡，就像苏轼评价陶渊明的诗“绚烂之极归于平淡”，这个“淡”是有内涵的。“简而文”，以简单的方式展示文采。文字不是越华丽越有文采，有时候华丽反而很俗气。伟大的艺术作品都看不出太大的文采，真正的文采在简单里、在平实里，这也是伟大作品和一般作品的区别。“发乎情，止乎礼”，感情泛滥不节制，那不是艺术，艺术是一种有节制的情感，是形式化的情感。“温而理”，温情而又讲道理。一般来说，一个人有温情的话，是不太讲理的；但是如果一种情里没有理的话，这种情不可能长久，受到理制约的情，这种情才能够持久。

“知远之近”，要知道远是从近开始的。人有一种“好高骛远”的特性，往会忽略近在身边的事情，一味地沉浸在自己的理想当中。人可以想象得很远，但要达到这个远，是要从眼前开始的，比想象难得多。“知风之自”，“风”既指自然界的风，也可以理解为一种风气。这种风气是怎么来的？不是一开始就有，而是慢慢形成的，不能只关注现状，要关注开端。“知微之显”，微小的东西不被人关注，不受人重视，但这个微小东西以后会显现出来，最后可能变成一个庞然大物，知道这个很重要啊！不知道就会出问题。“微”有两种，好的和不好的，如果这个微是不好的，就要去警惕；如果是好的微，就要去发扬光大。懂得这个道理，就会在事情的进程中，获得一种坚持，否则很容易放弃。在这里，我们看出中庸之道作为一种道理，能够激励人战胜困难。

“《诗》云：‘潜虽伏矣，亦孔之昭。’”自认为潜伏得很深，实际上会被别人看得清清楚楚。为什么看不见的东西最终会被人看见呢？因为你认为别人看不见，所以你就会肆无忌惮地去做，当你在肆无忌惮地做时，这个微就已经变成显了。你认为人家看得见，你反而不会去做。“故君子内省不疚，无恶于志”，一个君子要不断地反思自己，做得好不好、对不对。人看得见别人，看不清自己，这就是人存在的现状。我们都是从自己出发看待别人的，因此我们就成了评价别人的标准，但标准是否正确呢？这个很容易被人忽略。所以，我们需要反思，要反思到“不疚”才行。“君子之所不可及者，其唯人之所不见乎？”君子超过小人的地方就表现在别人看不见的地方。看不见的地方就是没有约束的地方、人们可以为所欲为的地方。君子在看不见的地方约束自己，小人在看不见的地方为所欲为，这就是他们之间的差别。

“《诗》云：‘相在尔室，尚不愧于屋漏。’”“屋漏”是房屋的西北角，此处指黑暗的地方。在黑暗的地方待着都不感觉惭愧，你就是真君子！为什么呢？黑暗的地方没人看得见，是最容易犯错误的地方，如果在最容易犯错的地方都没有犯错误，那还不是真君子吗？“故君子不动而敬，不言而信。”这是典型的儒家思维。这是说君子德行的影响力，这个影响力是直接的，中间不需要任何手段，容易把这种影响力扩大化、神秘化。一个君子能够做到“内省不疚”，就会“不动而敬”“不言而信”。这里的思维有一个跳跃性。君子的德行，应该通过一个中介“动”或“言”来扩大影响，但为了强调效果的神奇，干脆就说“不动而敬”“不言而信”。过于突出这种效果，就会让人感觉到君子真的可以做到不动就敬，不说就信，这很容易误导大众，君子是需要“动”和“言”这个中介去发挥影响。

“《诗》曰：‘奏假无言，时靡有争。’”在大型祭祀活动的时候，没有一个人讲话，是一种很肃穆的状态。这有两种情况：一种是因为大家都不说话，进入到这个肃穆的状态；另一种是这个肃穆的状态影响到每一个人不说话。“是故君子不赏而民劝，不怒而民威于𫓧钺”，强调氛围会造成一种压力，让人自觉适应这种氛围，有了这个氛围你不赏，老百姓也会努力地干活；你不发怒，老百姓也感觉到很害怕。这个是讲影响力的重要。

“《诗》曰：‘不显惟德！百辟其刑之。’是故君子笃恭而天下平。”“不显”是显著的意思。“惟德”指德行高远。天子德行高远的时候，诸侯就会模仿，也这么去做。所以，君子有德行，天下就归于太平。这里反复强调德行的影响力，这对不对呢？道理是对的，德行的的确确对人有一种影响力，但这种影响力是有限的，不能夸大。倘若德行的影响力是无限的，那致力于德行，所有的问题都会迎刃而解了。儒家如此强调德行的影响力，但这个影响力显然没有想象的那么大，否则早就德化天下了，也就没有必要不断强调德的影响力了。

“《诗》云：‘予怀明德，不大声以色。’子曰：‘声色之于以化民，末也。’”治国只要有德就行了，不要采用强制性方法去治理国家。此处引用孔子的话，用强迫手段治理老百姓，是治理的下策。“大声以色”也是一种治国的方式，但是，这是一种低层次的治国方式。这种治国方式让人口服心不服，会带来严重的后果。

“《诗》曰：‘德輶如毛’，毛犹有伦。‘上天之载，无声无臭’至矣！”什么是治国之本呢？本就是德行。以德治国就像鸿毛那么轻，也就是说以德治国和风细雨，老百姓感觉不到任何压力。这样的治国方式特别容易产生好的效果。鸿毛尽管很轻，但毕竟是一个东西，它有重量，也能看得见它的形状。再换一个比喻来说明以德治国的好处，“上天之载，无声无臭。至矣”，更高的治理方式就像天地生物一样，特别自然，一点声息一点气味都没有，人治理天下就要向天地学习。《中庸》这里强调的是人治理天下应该达到这样的境界，这个境界未必真能达到，但心里存着这个境界，可以不断提升现实的统治方式。当然也有人会误解，以为我们真的会实现这个境界，这是不对的。这一章的写法特别有意思，由《诗经》开始来阐述思想，也表明了古人读《诗经》是把它当作哲理来读的，《诗经》是帮助人们进入社会、帮助人们理解世界万物的。

后 记

经过好几年的时间，《四书》通讲的工作算是告一段落了。在这本《大学中庸通讲》之前，已经完成《论语旧注今读》（与刘思言合著）和《孟子通讲》。接下来，我要进入道家经典的解读了，事实上，关于老子的解读已经开始了。

我花许多时间解读经典，一是因为喜欢这些经典，二是有感于经典被歪曲，自觉有责任恢复经典的本来面目，解读经典是恢复经典本来面目的必经之路。

对儒家经典的解读，我坚持以下三个原则。

首先，要贴近文本。要让文本自己说话，而不是借文本说自己的话。解读文本切忌两种情况，一是借文本说些与文本完全不相干的话，他们引经据典、断章取义、不求甚解，将经典庸俗化。结果便是人人口诵经典，却不明白经典的真义所在。二是对经典作过度诠释，说了许多让人听不懂的话，他们微言大义，借经典说他们自己的话。结果便是说了许多经典，却不知道经典自己说了什么。这两种情况都是架空了经典，不让经典自己发声。而逐句解读经典，就是力求让经典自己讲话，不管它讲的是什么，合不合乎我们的心意，先听它讲什么才是最重要的。当然，让经典说话，并不是说我们只能被动地倾听，对经典只做如实地翻译，而无所作为，而是说，我们对经典的任何发挥都必须是源自经典本身，是在经典里能找到根据的。这种根据不仅基于经典里的某一个字、某一句话，而且基于所有字、句所构成的思想倾向中。这种思想的倾向规定了思想的基本特征，这样，任何微言大义就被彻底排除出经典的解释之中。当然，这不能真的就断绝了过度诠释的可能，而且也不能完全否定过度诠释的意义，过度诠释有可能创造一种新的思想范式，但是，我们必须要说，过度诠释出来的思想，不是文本具有的思想，而是诠释者自己的思想。

其次，在解读中，突显儒家文化的精神。二十年前，出于对儒家经典的崇敬，我就开始教授儿童读经，至今没有停止。如果说我当初教儿童读经，完全出于社会对经典的生疏，而生出来的一种忧虑感。那么，今天的情况完全不一样了，读经典似乎成了全民的共识，甚至上升为国家战略。就在大家欢呼雀跃，人人心怀复兴中国传统文化的梦想，并把中国的未来完全寄托于传统文化的复兴之时，我又生出了新的忧虑，开始思考中国传统文化的现代化问题。这其实不是一个新问题，现代新儒家当年就全面思考过这个问题，并部分地有了自己的答案。但是，随着物质现代化的部分实现，当代的儒家们深受鼓舞，思想又退回到现代新儒家之前去了。他们越过现代新儒家，开始了对儒家未经批判的全盘接受时代。所谓的政治儒学居然受到热捧，这实在是不可思议的事情，也是最为人担忧的。在上下鼓噪一片儒学声中，如何弘扬真正的儒家精神，乃是当务之急。实际上，在孔子创立儒家思想时，就独具慧眼地区分君子儒和小人儒。孔子所说的君子儒应当指的就是儒家精神，而小人儒则是把儒家思想仪式化、庸俗化。儒家思想的最大敌人，不是佛道思想，也不是西方的自由、民主、法治的思想，而是儒家内部败坏儒家的小人儒。王阳明对此深有体会，他的全部思想即根源于此，王阳明对佛道思想表现出极大的宽容，但对儒家内部的小人儒却提出尖锐批评。所以，对王阳明思想攻击最多的是许多儒者，正是他们批评王阳明背离了儒家思想，因为王阳明追求的是儒家精神，表现出他们无法理解的儒家狂者气象。所谓儒家精神，在我看来，应该是贯穿过去、现在、未来的一种普世精神。它应该包括仁爱精神、理性精神、民本精神。儒家的心性思想固然也十分重要，但佛道也有心性思想，比较而言，特色不是那么突出。

最后，对儒家文化的反思。任何一种文化都不能包打天下，都有自己的局限性，儒家文化也不例外。文化可以自信，但不能自大。儒家文化的局限性是一个不容回避的问题。比如民本思想，一直被认为是儒家的一个光辉的思想，它温暖着下层民众，给下层民众带来希望，但民本思想毕竟不是民主思想，它与民主思想有着本质的差别。民本思想是儒家在统治者那里能争取到的最好思想，但它没有能解决一个关键性的问题，如果统治者不实行民本思想该怎么办？儒家对权力缺乏深入思考，儒家也试图用道义的思想去限制权力，但这种限制的效果并不明显。只要儒家承认王权、皇权的合理性，用制度的方式对王权、皇权进行限制的思想就是不可想象的。要求儒家具有民主思想是不现实的，但这并不意味着儒家不能接受民主思想，在今天，儒家完全可以把民主思想纳入到它的思想体系之中。儒家文化是开放的，一切优秀的文化都是开放的。所以，反思儒家文化，不是要否定儒家文化，而是要发展丰富儒家文化。

本书是根据我给研究生上课的录音整理而成的，在把录音转化成文字的过程中，孔研研、徐燕、王蕾三位同学付出了辛勤的劳动，在这里，对她们表示衷心的感谢！感谢青海师范大学科技处的出版支持，感谢刘强兄赐序，感谢东方出版社的蒋建平书记、辛春来主任！

左克厚

2019 年 12 月于西宁